MEGAPROJECTEN

HANDBOEK VOOR PROJECTPROFESSIONALS

LOUISE HART

Omslag door Seymour Design

Foto achterkant door Hero Shot Photography

ISBN: 978-1-7640338-2-4 (pbk)

978-1-7640338-8-6 (ebk)

INHOUD

ZONDER TITEL

Voor John en Nan

INLEIDING

*D*it is een boek voor megaproject-professionals die geen tijd hebben om te lezen, wat waarschijnlijk voor de meeste van hen geldt. Als doelgroep voor een boek klinkt dat als een nogal vreemde keuze.

Even geduld.

Enkele jaren geleden schreef ik een boek genaamd *Procuring Successful Mega-Projects: How to Establish Major Government Contracts Without Ending up in Court*. Het werd goed ontvangen in de wereld van megaprojecten (sommige professionals noemen het hun "bijbel") en genoeg mensen kochten het dat de uitgever in 2024 een paperback editie uitbracht.

Helaas hadden maar weinig van de mensen die het het meest nodig hadden, zelfs degenen die het kochten, tijd om het te lezen. Dat heeft mijn doel om de standaarden in megaproject-aanbestedingen te verhogen behoorlijk beperkt. Hoe graag ik mensen ook het voordeel van mijn 30+ jaar ervaring wil geven, heb ik moeten erkennen dat het allemaal in een instructiehandboek van 100.000 woorden stoppen misschien niet de meest effectieve manier was om het door te geven.

Dus in 2024, na 60+ jaar op deze planeet te hebben overleefd zonder ooit een Facebook-account te hebben gehad, dacht ik dat het tijd was om sociale media te proberen.

LinkedIn leek de plek te zijn waar professionals rondhangen. Het grootste deel van de berichten waren varianten op "hoera voor mij" en "hoera voor het team", waarbij het merendeel van de rest gewijd was aan de niet zo subtiele kunst om geld te verdienen op LinkedIn door anderen te leren hoe ze geld kunnen verdienen op LinkedIn. Maar er waren groepjes mensen die professionele zaken bespraken op een (meestal) zeer beschaafde manier.

Dus begon ik te posten op LinkedIn. Geen lange artikelen, geen gedetailleerde analyses. Meestal slechts 200-300 woorden, met als doel één specifiek punt te maken over iets gerelateerd aan de aanbesteding van megaprojecten, aan de hand van een voorbeeld uit de praktijk.

Hapklare brokken.

En wat denk je? Mensen lazen ze. En reageerden erop. En vroegen om meer. Hoera voor mij.

Maar het probleem met sociale media is dat het algoritme bepaalt wie je ideeën te zien krijgt. Ik kwam mensen tegen in de echte wereld die positief commentaar gaven op een bericht dat ze onlangs hadden gezien - en vervolgens verbijsterd waren toen ze hoorden dat er tientallen meer waren die volledig aan hen voorbij waren gegaan.

Dit boek is mijn antwoord. Het is een verzameling van mijn beste LinkedIn-berichten van 2024, plus enkele bonus berichten die het internet nooit hebben gehaald. Het is veel korter dan mijn vorige boek, er is geen poging gedaan om allesomvattend te zijn en het is niet bedoeld om van kaft tot kaft gelezen te worden. Projectprofessionals hebben daar meestal geen tijd voor.

Ik heb het voor je gemak in delen verdeeld, maar volledig zonder verwijzing naar het onderwerp: een verdeling biedt alleen een visuele onderbreking in de tekst en een excuus om de waterkoker aan te zetten.

Duik erin. Het zit allemaal nog steeds in hapklare brokken. Geen complexe discussies. Geen voetnoten. Je kunt het naast je bed leggen en er elke dag één lezen. Neem het mee naar de wekelijkse teamvergadering en gebruik er één als discussiestarter. Bewaar het op je bureau en probeer wat bibliomantie wanneer je laatste megaproject je voor een raadsel stelt. Wat dan ook.

Jouw keuze. Geen zorg.

Dit is een boek, dus er is geen ruimte voor opmerkingen. Maar je kunt me vinden op LinkedIn.

Tot daar.

Louise Hart, april 2025

P.S. Bij het hapklaar houden van deze mini-case studies heb ik wat meedogenloos moeten zijn in het selecteren van feiten om een punt te maken. Dus ja, ik weet dat de dingen ingewikkelder waren dan ik ze heb voorgesteld. Mijn excuses aan iedereen die vindt dat ik oneerlijk kritisch ben geweest.

DEEL 1

RISICO TOEGEWEZEN AAN EEN AANNEMER HOUDT OP TE BESTAAN

*D*at klinkt stom. Waarschijnlijk omdat het ook is. Dus waarom gedragen zoveel opdrachtgevers zich alsof het waar is?

Het is inderdaad mogelijk om bepaalde risico's te elimineren, en dat kan een zeer goede zaak zijn. Elk geëlimineerd risico is er één minder om je zorgen over te maken, en er is over het algemeen al genoeg om je zorgen over te maken.

Maar risicotoewijzing is precies dat – toewijzing. Ongeacht waar het risico wordt toegewezen, het blijft bestaan.

In het geval van een risico dat aan de aannemer wordt toegewezen, beheert de opdrachtgever dat risico niet direct. In plaats daarvan moet het indirect worden beheerd, door het contract te beheren. Dat vereist een contract met een geschikt contractbeheerregime, een contractbeheerteam met de vaardigheden en middelen om het te beheren en de politieke wil om het af te dwingen.

Dat gebeurt niet altijd.

In het nieuws in 2024 was het voorbeeld van de Schotse regering met betrekking tot de CalMac-verbootacquisitie – zes jaar
te laat en nog steeds oplopend. Risico's die theoretisch aan de
aannemer waren toegewezen, hielden verbazingwekkend niet op
te bestaan. Het contractbeheerregime werd verzwakt door een
politiek gemotiveerde beslissing om af te zien van een vereiste
voor een bouwers-terugbetalingsgarantie en het contract werd
niet effectief beheerd. In plaats daarvan werd in 2019 de falende
aannemer genationaliseerd, een extreme maatregel die geen
merkbaar positief effect heeft gehad op tijd of kosten.

Oké, soms blijft het risico wel bij de aannemer en blijft de
opdrachtgever ongeschonden terwijl de aannemer geld verliest.

Maar dat zal niet gebeuren als de opdrachtgever niet bereid is
om te investeren in het adequaat toewijzen van middelen voor de
ontwikkeling van een goed contract en een effectief contractbeheerteam.

Beroemd om de verkeerde reden

Laufenburg, Zwitserland, wordt gescheiden van Laufenburg,
Duitsland, door de Rijn. Er is een brug die de twee steden
verbindt, die in december 2004 werd geopend. Toen de twee
kanten van de brug vanaf de oevers werden uitgebouwd, werd
duidelijk dat ze elkaar in het midden niet zouden ontmoeten. Het
scheelde 54 cm. Oeps.

Ja, gênant.

Het lijkt erop dat Zwitserland het zeeniveau berekent met de
Middellandse Zee als referentie en Duitsland met de Noordzee
als referentie. De niveaus verschillen 27 cm. De ingenieurs waren
zich hiervan bewust, maar maakten een tekenfout in de berekeningen, waardoor het verschil werd verdubbeld tot 54 cm in
plaats van dat het werd opgeheven.

Normaal gesproken moet je bij grote infrastructuurprojecten, als iets op een iets verkeerde plaats wordt gebouwd, ermee leren leven. Het is gewoon te duur en te ontwrichtend om het af te breken en opnieuw te beginnen. Als de *hele* brug op de verkeerde hoogte was gebouwd, zou de fout stilletjes zijn begraven en hadden de brave burgers van de Laufenburgs het waarschijnlijk nooit gemerkt. Het bouwen van de *helft* van de brug op de verkeerde hoogte was een klein beetje opvallend.

Dus het project werd bekend als de brug waar de twee helften niet op elkaar aansloten. Maar dat is niet waarom het beroemd zou moeten zijn.

Toen de fout werd ontdekt, kwamen de ingenieurs bij elkaar en bedachten ze een oplossing, die blijkbaar inhield dat de arm die vanaf de Duitse kant werd uitgebouwd, werd verlaagd. En ze deden het zonder ruzie te maken. Niemand speelde het beschuldigingsspel. Niemand klaagde iemand aan. Het budget werd niet opgeblazen en het tijdschema ook niet.

DAT is iets om beroemd voor te zijn.

Het bestuur controleert het bedrijf. Of toch niet?

Er is goede governance. En dan zijn er pogingen tot goede governance die veel lijken op met je hoofd tegen een muur slaan.

Halverwege 1994 kondigde de regering van British Columbia de bouw aan van drie snelle autoveerboten voor de British Columbia Ferry Corporation.

BC Ferries besloot het project te beheren via een speciaal opgerichte dochteronderneming, Catamaran Ferries International Inc, opgericht in maart 1996. In mei werd een raad van bestuur benoemd, waaronder drie onafhankelijke bestuurders met aanzienlijke ervaring in de scheepsbouw.

Het CFI-bestuur hield het 10 maanden vol.

Uit een onderzoek van de Rekenkamer bleek dat het bestuur in die 10 maanden:

- herhaaldelijk om een volledig budget vroeg;
- meermaals de noodzaak benadrukte van een contract tussen CFI en BC Ferries;
- vroeg om regelmatige rapportage tegen een goedgekeurd budget, met zowel de verwachte kosten om het project te voltooien als de afwijkingen;
- om een bouwplanning vroeg;
- erop wees dat het oorspronkelijke budget voor een ander type veerboot was, en zowel dat budget als de laatste wijzigingen daarop in twijfel trok;
- de noodzaak benadrukte van een risicoanalyse van de huidige reikwijdte van het project; en
- opmerkte dat de verwachte kosten bleven stijgen en dat de reikwijdte van het programma was toegenomen zonder een stijging van het budget.

Ondanks hun inspanningen verbeterden noch de kwaliteit noch de kwantiteit van de informatie die het bestuur ontving.

Het bestuur vroeg BC Ferries advies of het gerechtigd was om zijn chief executive te ontslaan (die in dienst was bij BC Ferries in plaats van CFI).

Het antwoord luidde nee.

In maart 1997 beloofde de chief executive het bestuur een volledig budget tegen de tijd van hun bestuursvergadering in april.

Dat gebeurde niet.

In plaats daarvan werden de bestuursleden uitgenodigd om ontslag te nemen, wat ze vervolgens deden.

De CFI-directeur werd lid van het nieuw samengestelde bestuur. De drie ervaren onafhankelijke bestuurders niet.

Niet het beste moment voor projectbestuur.

De drie veerboten? Drie jaar achter op schema, tegen een kostprijs van ongeveer 460 miljoen dollar, meer dan het dubbele van de oorspronkelijke schatting van 210 miljoen dollar. De laatste werd gebouwd maar nooit in gebruik genomen, omdat de regering tegen die tijd de hoop had opgegeven. Het brandstofverbruik was hoog, het laden en lossen duurde te lang, ze bleven kapot gaan en de passagiers vonden de accommodatie niet prettig. De veerboten werden in 2003 geveild voor het enigszins zielige totaalbedrag van 19,4 miljoen dollar.

Doet een PPS wat erop staat?

Een belangrijk voordeel van een PPS (Publiek-Private Samenwerking) zou moeten zijn dat, met een vaste prijs voor typisch vijf jaar constructie gevolgd door 25 jaar exploitatie en onderhoud, het de aannemer stimuleert om de levenscycluskosten te optimaliseren.

Geen aannemers meer die een slecht gebouw neerzetten omdat ze weten dat iemand anders de hogere onderhoudskosten moet dragen. Geen aannemers meer die na voltooiing weglopen en de behoeften van de exploitant negeren.

Met de aannemer die de langetermijnverantwoordelijkheid draagt voor exploitatie en onderhoud, is het in hun belang om ervoor te zorgen dat de levenscycluskosten worden geoptimaliseerd, niet alleen de bouwkosten.

De theorie is goed. Werkt het in de praktijk?

Een PPS vereist dat de opdrachtnemer de bouw financiert. De leningen worden terugbetaald met de beschikbaarheidsvergoedingen die de opdrachtnemer ontvangt tijdens de exploitatieperiode. Dit betekent dat de periode van maximale opname en maximale rentebetalingen de periode is vlak vóór de voltooiing van de bouw.

Als er iets ernstig misgaat – en soms gebeurt dat – staat de opdrachtnemer op de rand van ondergang als hij niet snel genoeg de bouw kan voltooien om de exploitatie te starten en de geldkraan open te zetten.

Onder deze omstandigheden vormt een PPS een enorme

verleiding voor de opdrachtnemer om bochten af te snijden, defecten niet hersteld te laten en problemen in het algemeen door te schuiven naar de operationele fase.

De motivatie voor levenscycluskosten is niet verdwenen. Het contract zegt nog steeds wat het zegt.

Maar naarmate de rentebetalingen blijven oplopen, weegt de opdrachtnemer het vooruitzicht om nu failliet te gaan af tegen de mogelijkheid om over een aantal jaren failliet te gaan. Levenscycluskosten? Daar maken we ons later wel zorgen over.

WAT IS ER TOCH MET VERTROUWELIJKE INFORMATIE?

Ongeveer dertig jaar geleden vertelde een partner in een Brits advocatenkantoor me achteloos hoe hij toevallig een voordeel had behaald in een onderhandeling: hij stond toevallig in een hotel naast de faxmachine (weet je nog wat ze zijn?) toen er een fax binnenkwam voor de tegenpartij. Hij las deze en maakte gebruik van de informatie.

Een partner had beter moeten weten de beroepsethiek op die manier zomaar te schenden, laat staan erover op te scheppen.

Maar het gebeurt.

De *inquiry* naar de Queensland Health salarisadministratieramp in 2013 documenteerde een incident tijdens het aanbestedingsproces waarbij informatie over de verschillende inschrijvingen per ongeluk op een open drive was geplaatst waartoe inschrijvers toegang hadden. Een van de inschrijvers hoorde over deze fout en ging op zoek naar het materiaal. Hij vond het niet, omdat de fout was ontdekt en het materiaal naar een beveiligde drive was verplaatst. Maar hij zag geen probleem in zijn poging om het te vinden en stuurde openlijk een enigszins klagende e-mail naar zijn baas waarin hij zijn inspanningen beschreef, zeggende: '... *het lijkt erop dat we net iets te laat waren.*"

Mensen die nooit zouden liegen, stelen of zelfs door rood

lopen, zullen desondanks vertrouwelijke informatie verslinden als haaien tijdens een *feeding frenzy*. Hoe komt dat?

OVERREDEN DOOR DE GESCHILLENTREIN

Er is niets mis met risicovermijding als strategie. Neem gerust de loopbrug in plaats van te proberen een zesbaansweg over te steken. Ik keur dat volledig goed.

Maar als je strategie risicovermijding is, moet je de strategie implementeren voordat het risico zich heeft aangediend. Nadat je bent aangereden is het te laat.

Dispute Avoidance Boards worden steeds vaker gebruikt in megaprojecten. Hun doel is – verrassing! – het vermijden van geschillen. Het hele idee is om problemen te signaleren die dreigen uit te groeien tot geschillen, en de partijen te helpen ze vroeg op te lossen, voordat standpunten zijn vastgeroest en kosten tot in de stratosfeer zijn opgelopen. De kosten van arbitrage bij megaprojecten kunnen verschrikkelijk zijn omdat de kwesties meestal complex zijn, de belangen hoog zijn en de zaken jaren kunnen duren om op te lossen.

Je benoemt pas een arbiter wanneer een geschil onhandelbaar is geworden. Maar een *Dispute Avoidance Board* is er juist om te voorkomen dat het onhandelbare geschil überhaupt ontstaat. Als je wacht met het benoemen ervan tot je een geschil hebt, ben je de draad kwijt.

En als je een *Dispute Avoidance Board* benoemt maar de problemen voor hen verbergt of pas met hen samenkomt wanneer de vrachtwagen op je afkomt, zijn ze niet erg effectief.

Ja, er zijn kosten verbonden aan het bouwen van een loopbrug. Dat betekent niet dat het geen goede strategie is.

Aangereden worden door een vrachtwagen kan veel, veel meer kosten.

FINANCIERING VAN ENGELSE KANALEN

We klagen over banken, maar ze komen wel goed van pas bij het financieren van infrastructuur, en (gegeven een enigszins fatsoenlijk project) tegenwoordig staan ze zelfs in de rij voor de kans. Het was niet altijd zo gemakkelijk.

In 1762 wist Francis Egerton, de 3e Hertog van Bridgewater, een wet van het Parlement te verkrijgen die hem het recht gaf om een kanaal te bouwen van zijn kolenmijnen in Worsley in Lancashire naar de fabrieken van Manchester. Het gaf hem niet het geld.

Aangezien kanalen nieuw waren in Groot-Brittannië, had de Hertog moeite om het te financieren. De helft van zijn critici dacht dat het een dwaas project was dat nooit zou lonen, en de andere helft was ervan overtuigd dat het kanaal een slecht idee was dat de landtransportbranche zou ruïneren en herbergiers failliet zou laten gaan. De banken wilden er niets mee te maken hebben.

De situatie werd zo nijpend dat de Hertog tijdens de bouw verschillende keren zijn zaakwaarnemer moest sturen om bij zijn pachters langs te gaan en alle mogelijke huur te innen, zodat die onmiddellijk kon worden gebruikt om de wekelijkse lonen van de arbeiders te betalen.

Dit eerste kanaal, voltooid in 1761, was een enorm financieel succes, en op basis van de inkomsten werd Child's Bank eindelijk overtuigd om een uitbreiding naar Liverpool te financieren. (Traditioneel lenen banken liever geld aan mensen die het geld niet nodig hebben.)

Eindelijk in staat om met Andermans Geld te werken, ging de Hertog door met het bouwen van kanalen. Tegen de tijd van zijn dood in 1803 zou hij de rijkste edelman van Engeland zijn geworden.

Voor Georgette Heyer-fans: de 3e Hertog van Bridgewater was niet een van de twee Hertogen die trouwde met de oudste van de beroemde Gunning-zusters. Hij verloofde zich wel met haar in 1758, maar om de een of andere reden werd de verloving later dat jaar verbroken en hij trok zich terug op zijn landgoederen om kanalen te bouwen.

WAT IS GOVERNANCE?

Alles wat goed is voor een project loopt het risico bestempeld te worden als 'governance'.

Ik heb zelfs gezien dat 'efficiëntie' werd omschreven als een principe van governance, wat ik bizar vind.

Niet dat efficiëntie geen goede zaak is, maar een principe van governance? Nee. Het toont alleen maar aan dat 'governance' een overgebruikt woord is geworden dat betekent wat mensen willen dat het betekent.

In de context van het opzetten van een megaproject is mijn eigen kijk op governance, hoewel misschien idiosyncratisch, heel eenvoudig.

Op een gegeven moment zal een CEO of Minister een pen oppakken om een contract te ondertekenen dat de overheid zal verbinden aan miljarden aan uitgaven en aan publieke verontwaardiging als het allemaal misgaat. En de ondertekenaar zal altijd vragen, vaak erg nerveus: 'Is het echt oké voor mij om dit te tekenen?'

Governance bestaat om het antwoord op die vraag te geven.

Heeft het projectteam alles gedaan wat gedaan had moeten worden? Zijn alle bases gedekt? Is het achterwerk van de Minister gedekt? Governance is hoe je dat weet.

Management en bestuur zijn dus niet hetzelfde.

Management is dingen doen. Bestuur is controleren of de juiste dingen worden gedaan.

Wanneer is een vaste prijs geen vaste prijs?

Vraag het aan de Gemeenteraad van Edinburgh (CEC). Of misschien beter niet. Na de publicatie van het Edinburgh Tram Inquiry Report in september 2023 zal hun reactie waarschijnlijk explosief zijn.

'Nu deze definitieve vaste-prijscontracten zijn afgerond, kunnen alle partijen overgaan tot het veilig uitvoeren van dit project binnen planning en budget.' Dat waren de woorden van het persbericht dat op 14 mei 2008 werd uitgegeven, nadat CEC een contract had getekend voor de aanleg van een tramlijn van £508 miljoen.

Persberichten zijn onbetrouwbare informatiebronnen. Ja, er was een headline-prijs die ogenschijnlijk vast stond, maar het bouwcontract was alleen 'vaste prijs' bij wijze van spreken. Een zeer onnauwkeurige manier van spreken.

Het contract bevatte een bijlage waarin de aannames stonden waarop die prijs was gebaseerd. Zowel **tie**, de CEC-dochteronderneming die optrad als inkoop- en uitvoeringsagent van CEC, als de aannemer wisten dat de aannames een aantal verklaringen bevatten die niet correct waren toen het contract ter ondertekening werd aangeboden.

Het vastleggen van aannames in een contract is een juridisch middel, gebruikt in onzekere situaties, om duidelijk te maken welke partij het risico draagt wanneer een aanname onjuist blijkt te zijn. Het is niet gebruikelijk om ze te gebruiken wanneer de aannames een situatie beschrijven die niet alleen onzeker is, maar waarvan al bekend is dat ze wild en schrikbarend onnauwkeurig zijn.

De kosten overschreden uiteindelijk de vaste prijs met meer dan 40%, hoewel de voltooide lijn twee kilometer korter was dan de oorspronkelijke bestemming.

Geen enkele bouwcontractprijs is ooit echt vast, en voor een megaproject kan het verschil tussen de vaste prijs en de werkelijke kosten, nou ja, mega zijn.

CEC zou je kunnen vertellen dat het loont om te onderzoeken onder welke omstandigheden de vaste prijs kan worden overschreden.

WEES AARDIG VOOR VERLIEZENDE BIEDERS

Waarom?

Verliezende bieders zijn essentieel voor het succes van het aanbestedingsproces. Zij zorgen voor de concurrentie die waarde wél gaat opleveren.

De winnende bieder doet je geen geweldig aanbod omdat ze je aardig vinden, maar omdat ze denken dat als zij het niet doen, een andere bieder hen het contract zal afnemen. Dit levert je over het algemeen een veel betere deal op dan je ooit had kunnen bereiken in een 1-op-1 onderhandeling.

Bij een megaproject zal de verliezende bieder miljoenen uitgeven aan het biedproces, de winnende bieder dwingen om je de best mogelijke deal te geven, en toch met lege handen achterblijven.

Dat verdient respect.

Geef ze een goede debriefing.

En als respect niet voldoende reden is om je te overtuigen, beschouw het dan als goede zelfverdediging. Een bieder die geloofwaardige redenen krijgt voor een tweede plaats, zal je minder snel aanklagen dan een die niet kan begrijpen hoe ze in hemelsnaam hebben kunnen verliezen.

VOORKEUR VOOR LOKALE INDUSTRIE

Laatste bastion van iconische lokale industrie wint heldhaftig aanbesteding tegen buitenlandse concurrentie.

Nou, die aanbesteding is dan gedoemd te mislukken.

Zoals inderdaad het geval was. De betreffende aanbesteding betrof de aankoop van twee veerboten – enorme vrachtschepen, geen pendelboten – die in 2018 moesten worden opgeleverd om de Hebriden te bedienen. Ondanks zware buitenlandse concurrentie werd in 2014 het contract gegund aan Ferguson Marine, de enige overlevende van de vele scheepswerven die Port Glasgow en Greenock domineerden toen Schotland het centrum van de mondiale scheepsbouwindustrie was.

Nou ja, een soort overlevende. Het bedrijf was dat jaar failliet gegaan, waarbij het grootste deel van het scheepsbouwpersoneel door de curatoren werd ontslagen. Een toevallig passerende Schotse miljardair kocht Ferguson Marine uit de boedel net op tijd om mee te dingen naar het veerbootcontract. En ja, Ferguson Marine kreeg het contract van £97 miljoen toegewezen ondanks een duidelijke negatieve aanbeveling van het overheidsaankoopbureau Caledonian Maritime Assets Limited (CMAL).

Audit Scotland klaagde dat er 'geen gedocumenteerd bewijs was om te bevestigen waarom de Schotse ministers bereid waren de risico's van het gunnen van het contract te accepteren'. Maar geen prijs voor het raden dat het iets te maken had met niet gezien willen worden als degene die de laatste scheepswerf in Port Glasgow de doodsteek gaf.

Het afmaken ervan was misschien wel een daad van barmhartigheid geweest, want het project was en is nog steeds een ramp. De regering had het contract meerdere keren kunnen beëindigen, maar toen de veerboten al een jaar te laat waren, besloten ze in plaats daarvan de scheepswerf te nationaliseren. De prestaties bleven slecht. CMAL heeft meer dan vier keer de oorspronkelijke contractprijs uitgegeven en tot nu toe slechts één van de twee veerboten ontvangen – de Glen Sannox, die uiteindelijk in januari 2025 in dienst werd genomen.

Het is niet noodzakelijkerwijs verkeerd om een lokale industrie te steunen met overheidscontracten (hoewel het in sommige rechtsgebieden in ieder geval theoretisch illegaal is) – maar als je toegeeft dat dat is wat je doet en dienovereenkomstig plant, is de kans groter dat je het gewenste resultaat bereikt dan wanneer je probeert te doen alsof je een normale commerciële transactie uitvoert.

HET TRIESTE EINDE VAN BETEKENISVOLLE OVERWEGINGEN

Veertig jaar geleden, toen ik begon aan wat ik toen verwachtte een levenslange carrière als advocaat zou zijn (dat had ik mis), heette de voorpagina van een contract 'Overwegingen'.

Overwegingen waren een reeks verklaringen die begonnen met het woord 'Overwegende', waarin stond waar het contract allemaal over ging. Overwegende dat [Partij A] een nieuw gebouw wil verwerven voor zijn internationale hoofdkantoor, en Overwegende dat [Partij B] heeft ingestemd met het ontwerpen en bouwen van genoemd gebouw of wat dan ook.

Mijn mentor vertelde mij altijd: 'Als je de overwegingen kunt opstellen, kun je het contract opstellen,' wat betekent dat als je in eenvoudige taal kon zeggen wat de partijen probeerden te bereiken, er een redelijke kans was dat het contract dat je opstelde zou opleveren wat de partijen wilden.

Onlangs had ik de gelegenheid om naar een contract te kijken en vond het jammer toen ik zag dat de Overwegingen, omgedoopt tot 'Achtergrond' en zonder de overwegingen, bestonden uit vier korte verklaringen. Waaruit ik alleen wist dat ServiceCo had ingestemd met het leveren van het Servicepakket.

Ik sloeg het definitiedeel op en ontdekte dat het Servicepakket betekende dat de Servicepakketactiviteiten moesten worden uitgevoerd in overeenstemming met de Servicepakketdocumenten. De Servicepakketactiviteiten werden gedefinieerd als dingen die ServiceCo verplicht was te doen onder de Servicepakketdocumenten. De Servicepakketdocumenten werden gedefinieerd als een lijst documenten met behulpzame namen als 'deze Akte' en 'de Eigenvermogensdocumenten'.

Heeft het contract geleverd wat de partijen wilden? Ik heb geen idee.

KORT IS NIET ALTIJD ZOET

Twitter was nog niet uitgevonden, er was geen limiet van 140 tekens op communicatie, dus ik weet niet waarom de memo werd verstuurd met slechts 6 woorden, 43 tekens.

Milo O. Frank, auteur van het boek *How to Get Your Point Across in 30 Seconds or Less* vond het geweldig. Ik ben minder onder de indruk.

De memo werd naar alle medewerkers gestuurd door een Amerikaanse zakenman vlak voor Thanksgiving. Er stond: 'Gesloten vanwege de feestdag. Geniet ervan!'

In een boek over hoe je snel je punt kunt maken, leek het waarschijnlijk lofwaardig.

Maar het bedrijf was groot en ik vraag me af of zijn salarisadministratie even enthousiast was. Ze zouden waarschijnlijk overspoeld zijn met vragen zoals: 'Word ik betaald?', 'Gaat deze dag van mijn vakantiedagen af?' en 'Ik heb het al ingepland als verlofdag, wat moet ik nu doen?'.

Kort is goed. Soms is het niet genoeg.

EMPIRE STATE BUILDING

Weet je wat het écht opmerkelijke aan dit project was?

Toen het besluit werd genomen om het Empire State Building te bouwen, werd de tijd om het toenmalig hoogste gebouw ter wereld te voltooien gesteld op "achttien maanden van eerste schets tot laatste klinknagel", zoals Flyvbjerg en Gardner het verwoorden in hun boek, *How Big Things Get Done*.

Het Empire State Building werd op tijd geopend op 1 mei

1931, 17% onder budget. Indrukwekkend, maar dat was niet het opmerkelijke.

Het opmerkelijke was dat ze pas met de bouwwerkzaamheden begonnen nadat het ontwerp klaar was. En ik bedoel helemaal compleet.

Flyvbjerg en Gardner citeren een publicatie uit 1931, *The Empire State*, waarin het bedrijf opschepte dat: "de architecten wisten precies hoeveel balken en van welke lengtes, zelfs hoeveel klinknagels en bouten nodig zouden zijn. Ze wisten hoeveel ramen het Empire State zou hebben, hoeveel blokken kalksteen en van welke vormen en maten, hoeveel ton aluminium en roestvrij staal, tonnen cement, tonnen mortel. Zelfs voordat ermee begonnen werd, was het Empire State volledig af—op papier."

Hoeveel organisaties zouden tegenwoordig de discipline hebben om de start van de bouw uit te stellen totdat het ontwerp 100% voltooid wordt?

Ik heb overheidsinstanties zien besluiten om het infrastructuurontwerp apart aan te besteden van het bouwcontract – en vervolgens doorgaan met werk onder het zogenaamde 'alleenbouwen' contract terwijl het ontwerp nog in ontwikkeling is.

Het gebruikelijke excuus is om vertraging te voorkomen, maar raad eens? Het tijdschema wordt onvermijdelijk verziekt door de wijzigingen en de herbewerking dat nodig is. Net als het budget.

Eerst ontwerpen. Dan bouwen. Hoe moeilijk kan het zijn?

MOETEN GELDSCHIETERS VERANTWOORDELIJK ZIJN VOOR VEILIGHEID?

Projectfinanciers willen dat projecten binnen budget worden opgeleverd zodat ze hun geld terugkrijgen.

De ideale manier om binnen een budget te leveren is door dingen in één keer goed te doen, op tijd, problemen snel op te lossen en goedkope manieren te vinden om te leveren wat vereist is.

Dat is het ideaal. Het werkt niet altijd zo. Financiële druk kan er in plaats daarvan toe leiden dat mensen problemen verbergen, bochten afsnijden en ongerechtvaardigde risico's nemen.

Herinner je je de Beaconsfield goudmijn in Tasmanië in 2006 waar één mijnwerker stierf en twee anderen dagenlang vastzaten voordat ze uiteindelijk gered werden? Nadien beweerden sommige arbeiders dat toen zij hun zorgen uitten over veiligheidsmaatregelen die werden overgeslagen, de reactie in feite was "we moeten dit doen, want als we niet genoeg erts winnen om de schuld af te betalen, gaat het bedrijf failliet en zitten we allemaal zonder baan, dus hou je mond en ga aan het werk." Ik denk niet dat die beschuldigingen voor de rechtbank bewezen werden, maar het illustreert het potentiële probleem.

Als je zware financiële druk uitoefent op een organisatie die heeft noch adequate veiligheidssystemen noch managers met sterke karaktereigenschappen om die systemen toe te passen, gaat kwaad geschieden.

Heeft iemand ooit serieus geprobeerd geldschieters verantwoordelijk te houden voor projectveiligheid?

Misschien zou dat moeten.

Slechts één ding is beter dan een fotomoment

We weten allemaal dat het creëren van fotomomenten voor politici deel uitmaakt van de dagelijkse taak van een projectmanager. Een helm, een veiligheidsvest en een fotograaf – wat heb je nog meer nodig?

Iets voor de politicus om te doen.

TV-nieuws wil geen foto, ze willen video. Social media heeft het primaat van het nationale nieuws enigszins vervaagd, maar het is nog steeds zo dat een video altijd een foto zal overtreffen.

De eerste spade in de grond steken, de eerste steen leggen, alles wat wat beweging biedt voor de videocamera's.

Zelfs in de aanbestedingsfase kun je altijd wel iets vinden. Ik heb nog steeds een groen linnen tafelkleed in mijn bezit dat op het Australische nationale televisie verscheen toen de premier van New South Wales de toekenning van de Waratah rollend materieel PPP aankondigde: hij trok het kleed met een groots gebaar weg om een schaalmodel van de geselecteerde achtdelige trein te onthullen.

Als je de politici echt tevreden wilt houden, zoek dan niet alleen een fotomoment voor ze, maar een videomoment.

Werkt altijd.

WERKEN MET DE VERKEERDE UITGANGSPUNTEN

Uit het Edinburgh Tram Inquiry, gepubliceerd in 2023, bleek dat de ontwerpers van de tramlijn in september 2005 werden ingeschakeld, drie maanden voordat het Schotse parlement hun analyse van het project had voltooid.

Tijdens die drie maanden werden er aanzienlijke wijzigingen aangebracht in de oorspronkelijke plannen en delen. Bij Haymarket Yards veranderde de route volledig. Er waren veranderingen in de horizontale en verticale afwijkingslimieten.

Niemand vertelde het aan de ontwerpers, die bleven werken vanuit de uitgangspunten die ze hadden gekregen.

De voorlopige ontwerpfase liep inefficiënt over in de gedetailleerde ontwerpfase, met aanzienlijke kosten. De problemen die voortvloeiden uit het aanvankelijke verzuim om de ontwerpers te informeren, werden min of meer opgelost, maar toen ontdekten de ontwerpers dat er verdere specificatiewijzigingen waren overeengekomen met de inschrijvers zonder overleg met het ontwerpteam.

Frustrerend.

En duur. Het *Inquiry* schatte dat de vertraging en de herbewerking 30% aan de ontwerpkosten toevoegden.

DEEL 2

HET VERKEERDE GOVERNANCE KADER VOOR PROJECTEN

*T*oen het Britse Ministerie van Transport in 2012 zonder succes probeerde de InterCity West Coast-concessie te verlenen, produceerden de interne auditors een *'Rail Governance Map'*. Deze werd ongeveer een week nadat de inschrijvers hun biedingen hadden ingediend uitgebracht - dat wil zeggen, toen het aanbestedingsproces in volle gang was en goede governance essentieel was.

Goed werk.

Behalve dat uit het daaropvolgende rapport van de National Audit Office bleek dat, zonder dat de interne auditors het wisten, het werkelijke governance kader heel anders was.

De acties van een *'Contract Award Committee'* leidden uiteindelijk tot de annulering van de aanbesteding, omdat deze commissie de bedragen van de achtergestelde leningfaciliteit vaststelde op een manier die niet in overeenstemming was met de richtlijnen die aan de bieders waren verstrekt.

Maar volgens de taakomschrijving van de commissie was haar rol het '*verschaffen van zekerheid over het aanbestedingsproces*'. Het bepalen van de bedragen voor de achtergestelde leningfaciliteit was nauwelijks een rol die zekerheid moest bieden.

Het lijkt erop dat de commissieleden hun geloof in hun bevoegdheid baseerden op de processchema's die waren verstrekt met de richtlijnen voor bieders. Maar geen van de daaropvolgende *inquiries* kon vaststellen wie in eerste instantie de beslissing had genomen of goedgekeurd om de richtlijnen uit te geven.

De commissie kwam gedurende vijf maanden tijdens het aanbestedingsproces helemaal niet bijeen. Tijdens deze maanden was het project voor langere tijd zonder Senior Responsible Owner (deze ongelukkige omissie werd uiteindelijk opgemerkt door een externe evaluatie) en in die tijd '*ontstond*" de cruciale, niet-toegewezen beslissing rond het gebruik van een financieel model dat niet geschikt was voor het doel.

Een governance commissie die geacht wordt zekerheid te bieden maar niet bijeenkomt en zich vergist in haar opdracht, zal waarschijnlijk weinig zekerheid opleveren, en zo bleek het inderdaad. De verliezende bieder spande een rechtszaak aan en het aanbestedingsproces moest worden geannuleerd.

Er bestaat geen universeel perfect governance kader voor een megaproject. Maar als je niet weet wat het jouwe is, dan is het het verkeerde.

Hyperbolische discontering

Het brein kan behoorlijk vreemde dingen doen als het gaat om waarneming van grootte.

Toen camera's algemeen beschikbaar werden, decennia voordat Photoshop werd uitgevonden, was een favoriete truc om twee mensen te positioneren, één dicht bij de camera, één verder weg op een heuvel, zodat het leek alsof de persoon in de verte een miniatuurmens was die op de uitgestrekte hand van de dichterbij staande persoon stond.

Als het gaat om dollars, worden verre dollars ook als kleiner waargenomen dan nabije. Dit heet hyperbolische discontering. Het is moeilijk om een onmiddellijk voordeel op te geven voor een groter toekomstig voordeel: alleen verplichte bijdragen verklaren waarom er zoveel geld in Australische pensioenfondsen zit.

Mensen praten normaal gesproken over hyperbolische discontering in relatie tot de perceptie van voordelen, maar het geldt evenzeer voor kosten.

In termen van de publieke sector zien er nu gemaakte kosten groter uit dan kosten die naar de volgende regering doorgeschoven worden.

Kosten die naar de volgende generatie doorgeschoven worden zien er nog kleiner uit.

Hallo klimaatverandering.

EVALUEREN VAN REFERENTIES

Een niet-succesvolle buitenlandse bieder voor een groot contract in New South Wales vertelde me jaren geleden dat hij volledig verbijsterd was door de aanpak die bij de evaluatie was gehanteerd.

Een van de criteria had betrekking op het vermogen om samen te werken met de opdrachtgever. Naarmate de populariteit van samenwerkingscontracten toeneemt, komt een criterium van deze aard steeds vaker voor. (Hoewel het jaren geleden al populairder had moeten zijn - het vermogen om goed samen te werken met de opdrachtgever is altijd een belangrijke succesfactor geweest, ongeacht het type contract.)

Bij de nabespreking werd de bieder verteld dat ze slecht hadden gescoord omdat ze weinig bewijs hadden geleverd van hun samenwerkingsvaardigheden.

De bieder dacht dat er een taalprobleem moest zijn. Ze waren er trots op dat ze nooit een geschil met een klant hadden gehad. Ze hadden contactgegevens van verschillende klanten verstrekt, in het volste vertrouwen dat deze klanten uitstekende beoordelingen zouden geven en zoveel bewijs van samenwerkingsvaardigheden als iemand maar zou willen. Wat was er misgegaan?

Het bleek dat, hoewel de beoordelaars om referenties hadden gevraagd, ze deze niet hadden gebruikt om de voorkeurbieder te selecteren. In plaats daarvan werden de referenties gebruikt nadat de beslissing was genomen, om te bevestigen dat de voorkeurbieder de waarheid had gesproken.

Wat betekende dat wat de bieder als het beste bewijs ter wereld had beschouwd, door de beoordelaars werd gezien als bewijs dat niet de moeite van het overwegen waard was.

Ik denk dat ik het in deze zaak met de bieder eens ben.

DE KERNACTIVITEIT VAN EEN SPOORWEG IS ...

Misschien niet het maken van punaises.

Ik trad in 1995 in dienst bij Railtrack, de toenmalige eigenaar van het voormalige British Rail-netwerk, een jaar voordat het werd geprivatiseerd. Het prikbord van kurk in mijn kantoor in Londen had nog steeds koperen punaises met "BR" in reliëf op de kop, die ergens in het noorden intern werden gefabriceerd (ik had er één als souvenir moeten bewaren).

British Rail deed zo ongeveer alles wat mogelijk was op een spoorweg, maar de herstructurering in de jaren 90 probeerde dat te reduceren tot de kernactiviteit. Het grootste deel van de vracht-, ingenieurs- en productieactiviteiten werd of was al verkocht, waardoor Railtrack overbleef als eigenaar en beheerder van sporen en seinen, enkele spooronderhoudsbedrijven, enkele bedrijven voor het bezit en leasen van het rollend materieel, en veel verschillende treinexploitanten.

Het na-BR bedrijfsmodel kreeg in de daaropvolgende decennia flink wat klappen. Een deel van het probleem was dat het niet helemaal duidelijk was of de kernactiviteit van de spoorwegen bij de treinexploitanten lag, die de diensten aan passagiers leverden, of bij Railtrack, dat de dienstregeling beheerde.

Het is misschien niet mogelijk om vast te stellen of de verschillende mislukkingen in die tijd structureel waren of gewoon te wijten aan slechte uitvoering, maar er tekende zich een algemene trend af: bij elke mislukking werden onderdelen die onder het mom van "niet-kern" weggegeven waren geleidelijk weer naar het centrum teruggebracht.

Er ligt nu een plan om alle passagiersactiviteiten, trein en spoor terug te brengen in een geïntegreerde spoorweg die Great British Railways moet gaan heten. Misschien is alles wel kernactiviteit?

Maar ik denk niet dat iemand voorstelt dat GBR zijn eigen punaises gaat produceren.

PROFESSIONELE INTEGRITEIT IS GEEN ABSOLUUT GEGEVEN

De meeste mensen zien professionele integriteit als iets dat je wel of niet hebt.

Dat vind ik niet juist. Ik denk ook niet dat het een nuttige benadering is.

Professionele integriteit bestaat uit twee elementen:

1. hoge professionele standaarden hebben;
2. bereid zijn om deze standaarden te handhaven ondanks aanzienlijke persoonlijke kosten, zoals het verlies van een klant.

Wanneer we iemand bewonderen om zijn professionele integriteit, zeggen we eigenlijk dat ofwel hun professionele standaarden hoger zijn dan die van ons, ofwel hun pijndrempel hoger is. Of beide.

Geen van beide is een absoluut gegeven. Je kunt je standaarden verhogen door bijvoorbeeld scholing, en je weerstand tegen kosten verhogen door je financiële positie te verbeteren.

Als je erkent dat professionele integriteit geen absoluut gegeven is, kun je het absoluut verbeteren in de loop van de tijd en kun je anderen ook helpen om te verbeteren.

Ga ervoor.

VEILIGHEIDSCULTUUR

Bij Clapham Junction in 1988 botste een trein op de achterkant van een andere en ontspoorde. Een derde trein, die in tegengestelde richting reed op het naastgelegen spoor, ramde de ontspoorde trein. Vijfendertig mensen kwamen om het leven.

De directe oorzaak was een oude draad in een seinhuis. Deze was losgekoppeld maar niet vastgemaakt: hij gleed weg en maakte opnieuw contact, waardoor een rood sein groen werd.

De directe oorzaak is nooit het hele verhaal. Het rapport van Anthony Hidden QC, de voorzitter van het daaropvolgende Inquiry, bevatte 93 aanbevelingen die betrekking hadden op een reeks activiteiten, van vermoeidheidsmanagement tot ongevallenrespons.

De technicus die de draad had losgekoppeld was ontroostbaar. De *Inquiry* werd geadviseerd dat goede praktijk zou zijn geweest om de losgekoppelde draad kort te knippen zodat deze nooit zijn oude positie kon bereiken, en om deze vast te binden zodat het helemaal niet kon bewegen. De technicus had geen van deze dingen gedaan. Maar dat deed hij ook nooit. Hij volgde gewoon zijn gebruikelijke praktijk om de oude draad opzij te duwen. Verbazingwekkend genoeg had hij zijn werk al 16 jaar gedaan, en niet één keer in al die tijd had iemand hem ooit verteld dat wat hij deed verkeerd of onveilig was, of zelfs maar opgemerkt dat hij het verkeerd deed. Controles die het ongeluk hadden kunnen voorkomen, werden niet uitgevoerd.

De managers van British Rail, die zichzelf waarschijnlijk beschouwden als goede, hardwerkende mensen, werden gedwongen om de realisatie onder ogen te zien dat de dood van die 35 mensen in wezen hun schuld was. Zoals Hidden het verwoordde:

"De beste intenties met betrekking tot veilige werkpraktijken mochten hand in hand gaan met de slechtste vorm van passiviteit bij het waarborgen dat dergelijke praktijken daadwerkelijk werden uitgevoerd. ... Er moet gezegd worden dat een bezorgdheid voor veiligheid die oprecht is en herhaaldelijk wordt geuit, maar desondanks niet wordt omgezet in actie, evenveel bescherming tegen gevaar biedt als helemaal geen bezorgdheid."

Cultuur gaat niet over wat je zegt, maar over wat je doet.

Salarisproblemen

Wat hadden de mislukte implementatie van het salarissysteem van Queensland Health en het HRIMS-salarissysteem van ACT gemeen?

De bestaande salarisregelingen waren een complete puinhoop.

Een rapport van KPMG merkte op dat de 85.000 medewerkers van Queensland Health in dienst waren onder twee verschillende wetgevingen, vielen onder 12 industriële cao's en werden beïnvloed door 6 verschillende industriële overeenkomsten. Het effect was dat er meer dan 200 toelagen en tot 24.000 combinaties van salaris ontstonden. Om het nog erger te maken, hadden enkele duizenden werknemers gelijktijdige arbeidsovereenkomsten – ze hadden meer dan één functie, elk met verschillende voorwaarden.

Queensland Health slaagde erin om hun nieuwe systeem in 2010 te lanceren, maar wenste waarschijnlijk dat ze dat niet hadden gedaan. Na de lancering ontvingen duizenden medewerkers het verkeerde bedrag, of helemaal niets. Het duurde maanden om een functionerend salarissysteem te ontwikkelen, met meer dan 400 extra salarisadministratiemedewerkers die werden aangenomen om de geschatte 200.000 handmatige processen uit te voeren die nodig waren om gemiddeld 92.000 formulieren per twee weken te verwerken. Dit voor een project dat juist had moeten leiden tot besparingen op personeelskosten.

De Commission of Inquiry beschreef het, genereus, als een 'catastrofale mislukking".

Achteraf adviseerde de Auditor-General van Queensland dat instanties die in de toekomst hun salarissysteem willen vervangen, eerst de cao-structuren zouden moeten vereenvoudigen om complexiteiten te verwijderen die de effectiviteit en efficiëntie van het salarisproces zouden beïnvloeden.

ACT heeft deze memo duidelijk niet ontvangen. Het uitgangspunt voor HRIMS was, inzover mogelijk, nog erger.

Een rapport van de ACT Auditor-General ontdekte dat er achttien afzonderlijke ondernemingsovereenkomsten waren die verschillende werknemers, beroepen en arbeidsvoorwaarden binnen de ACT Publieke Dienst dekten. Nog eens 13 Beloningsbepalingen dekten unieke salarisvoorwaarden voor leidinggevend personeel, openbare ambtsdragers en bestuursleden. Er waren meer dan 11.000 verwerkingsregels voor verlof in het Territorium voor 54 verschillende soorten verlof en 21 klassen van werknemers, met gemiddeld 524 regels per werknemersklasse. Enzovoort.

Het werk aan het HRIMS-programma werd in juni 2023 stopgezet. Er was ten minste 77,63 miljoen dollar uitgegeven en slechts één module, het Learning Management System, kon worden opgeleverd.

Zucht.

Auditrapporten bevatten vaak nuttige aanbevelingen. Het zou fijn zijn als meer mensen er aandacht aan zouden besteden.

Nieuwe rivier, oude benadering van planning

Niet-in-mijn-buurt ("NIMBY" in het Engels)was al springlevend aan het begin van de zeventiende eeuw.

Londen had dringend behoefte aan een toevoer van schoon water, en er werd voorgesteld om een kunstmatige waterweg aan te leggen vanaf de Chadwell- en Amwell-bronnen bij Ware. De City of London, waarvan de inwoners het beu waren om water in emmers te sjouwen, diende een verzoekschrift in bij het Parlement om het project te steunen.

Landeigenaren op de route waren geschokt. Zij dienden ook een verzoekschrift in bij het Parlement, waarin zij beweerden 'dat hun weilanden zouden veranderen in moerassen en drassige gronden en vruchtbare akkers zouden verworden tot smerige grond; dat hun boerderijen verminkt zouden worden en hun velden in stukjes en kleine percelen gesneden; dat het kanaal, dat niet meer was dan een diepe sloot die gevaarlijk was voor mens en vee, bij plotselinge regenval de aangrenzende weilanden en graslanden zou overstromen, tot de volledige ondergang van vele arme mannen'.

Het parlement negeerde de petitie van de grondeigenaren en nam een reeks wetten aan die de waterrechten overdroegen aan Hugh Myddelton, een prominente goudsmid en de Koninklijke Juwelier (hij was ook parlementslid en stemde ongetwijfeld voor het toekennen van de rechten aan zichzelf). Helaas bleven de NIMBY-grondeigenaren problemen veroorzaken en Myddelton kwam al snel in financiële moeilijkheden.

Koning James schoot te hulp met financiering voor het project. Hoewel, koningen zijnde koningen, niet voordat Myddelton ermee instemde om hem de helft van de winst te geven.

James bezat Theobalds House, dat op de voorgestelde route lag, en had er geen bezwaar tegen dat de uitgestrekte parken door de nieuwe waterweg werden doorkruist. De andere grond-eigenaren volgden prompt zijn voorbeeld. Het is niet duidelijk of ze simpelweg de koning wilden behagen, of dat ze doodsbang waren dat de koning hen zou vragen hem te behagen door hun land af te staan, wat immers de manier was waarop James in eerste instantie Theobalds House had verkregen.

Het enige bewijs dat de zeventiende-eeuwse NIMBY's gelijk hadden in hun gedachte dat de nieuwe waterweg gevaarlijk zou zijn voor mensen en vee, werd geleverd op 9 januari 1622, toen een groep feestvierders het ijs op de New River ging bekijken. Een van hen viel met zijn hoofd voorover in het water, zodat zijn metgezellen alleen zijn laarzen konden zien. Toepasselijk genoeg was de betreffende feestvierder koning James, waarschijnlijk zo dronken als een matroos.

De waterweg werd voltooid in 1613. Het duurde twintig jaar voordat het eerste dividend werd uitgekeerd (te laat voor James, die zijn duik in de rivier overleefde maar in 1625 stierf), maar werd uiteindelijk zeer winstgevend. Vier eeuwen later staat het nog steeds bekend als de New River. Nu beheerd door Thames Water, levert het momenteel ongeveer 8% van Londons water-voorziening.

Maar goed dat de NIMBY's hebben verloren.

NIET-STANDAARD BETEKENT ONDERMAATS

Waarom zijn overheden altijd zo terughoudend om een standaard-dontwerp voor wat dan ook te accepteren?

Laten we eerlijk zijn, als het gaat om producten zoals treinen en trams, hebben leveranciers vaak meer ervaring en expertise dan de overheid, waarschijnlijk in veel verschillende landen, en hebben ze een veel beter gevoel voor wat de eindgebruikers echt willen.

Wanneer je wijzigingen vraagt aan een standaardproduct, voeg je kosten toe. Als de standaardtram bijvoorbeeld met CCTV komt, zal het duurder zijn om de tram zonder CCTV te kopen. Dit is contra-intuïtief maar waar.

Een CCTV-vrije tram zou goedkoper kunnen zijn geweest als de tram oorspronkelijk zonder CCTV was ontworpen, maar dat is niet de situatie waarin je je bevindt. Als je het ontwerp verandert, heb je niet alleen de kosten van het herontwerp, maar moet de fabrikant ook de productielijn stoppen om de machines te herprogrammeren en opnieuw stoppen om de instellingen terug te zetten naar standaard wanneer je opdracht is voltooid.

Bovendien betekent het feit dat de fabrikant besloot om CCTV in het standaardmodel te plaatsen, dat de meeste klanten het willen. Waarom zouden jouw klanten anders zijn?

Een tramfabrikant heeft beleefd, doch tegen een vergoeding, zijn standaardontwerp aangepast voor een publieke sector klant die eiste dat de stangen bij de deuren werden verwijderd.

Het bedrijf bereidde tegelijkertijd een offerte voor om de stangen als een modificatie te installeren, wetende dat trampassagiers meer bezorgd zijn over het hebben van iets om zich aan vast te houden dan over de esthetiek van de vestibule.

Ze hoefden niet lang te wachten voordat de offerte werd aangevraagd. Geen verrassingen daar.

Niet-standaard? Of ondermaats? Soms zijn ze hetzelfde.

WAT HOUDT JE 'S NACHTS NIET WAKKER?

Ik ben altijd op zoek naar goede vragen voor projectevaluaties. Hoe kun je de geïnterviewde echt laten nadenken over het antwoord, in plaats van gewoon het standaardantwoord te geven?

'Wat houdt je 's nachts wakker?' is vaak best goed om mensen te laten praten over dingen die hen echt dwarszitten.

Het is echter compleet nutteloos voor de problemen waarin een evaluatie het meest geïnteresseerd is. De kwesties waarover mensen zich zorgen zouden moeten maken – maar dat niet doen.

Begin jaren tachtig had British Rail een ernstige ontsporing in de vroege ochtend bij een wissel ten zuiden van Victoria Station. Een van mijn voormalige collega's moest ermee omgaan.

Hij belde de ingenieur die verantwoordelijk was voor dat deel van het spoor en vertelde hem wat er was gebeurd, zonder details over de locatie te geven. 'Oh God,' was de reactie. 'Niet...' en hij noemde de wissel.

Die ingenieur wist het. Hij wist dat de toestand van de wissel een ramp was die stond te gebeuren. Maar hij had geen stappen ondernomen om het te voorkomen. Het had hem 's nachts niet wakker gehouden.

Dus hier is een andere vraag. Stel je voor dat je om 4 uur 's ochtends een paniektelefoontje krijgt van je baas. Welke mogelijke ramp schiet je dan te binnen?

Misschien is dat degene waar je iets aan zou moeten doen.

ALS JE HET NIET KUNT OPLOSSEN, BAKEN HET DAN AF

Als je nog steeds de specificatie probeert uit te werken, ben je niet klaar om een aanbesteding uit te schrijven. Soms moet je het toch doen.

Bij een contract in New South Wales was er een kwestie over welke van twee normen de aannemer zou moeten naleven met betrekking tot één aspect van de werken. Het oplossen van dit probleem kon alleen worden bereikt door een initieel onderzoek uit te voeren.

Idealiter zou de studie door het agentschap zijn uitgevoerd voordat er een aanbesteding werd uitgeschreven, maar de benodigde tijd was niet verenigbaar met een politiek acceptabel aanbestedingsschema. (Komt dat bekend voor?)

Prijzen vragen voor een onzekere specificatie zou vragen om problemen zijn. Biedingsprijzen zijn betekenisloos als je de contractvoorwaarden niet volledig uiteenzet. Hoe los je dit dilemma op?

Het probleem werd als volgt aangepakt:

- Het contract voorzag erin dat de studie door de opdrachtnemer zou worden uitgevoerd.
- De inschrijvers werd gevraagd een prijs te geven voor de werkzaamheden in de veronderstelling dat de minder strenge norm vereist zou zijn.
- Het contract bevatte een specifieke wijzigingsbepaling die in werking zou treden als aanvullende werkzaamheden volgens de strengere norm nodig zouden zijn.

Niet ideaal, want als de wijzigingsprocedure in werking was getreden, zou dat het tijdschema hebben verpest. Maar het stelde de inschrijvers tenminste in staat om een vaste prijs te bepalen.

Interne deskundige vs. Externe deskundige.

Het verschil tussen een interne deskundige en een externe? Dat wil zeggen, afgezien van de uiterst irritante waarheid dat de Raad van Bestuur waarschijnlijk meer onder de indruk zal zijn van een rapport dat door externen is opgesteld, ongeacht de werkelijke kwaliteit.

Het verschil is dat mensen vergeten dat interne deskundigen ook opdrachten nodig hebben.

Wanneer je een externe consultant inschakelt, vereist het inkoopproces dat je er even over nadenkt. Waarvoor wil je dat ze een offerte maken? Wat is het eindproduct? Hoelang duurt het om het te produceren? Waarvoor moet hun beroepsaansprakelijkheidsverzekering instaan?

Interne deskundige? Misschien loop je even langs hun

kantoor en zeg je: 'Kun je hier even naar kijken voor me?' En van daaruit groeit het verder. Er worden dingen geproduceerd, maar nooit met duidelijke eindproducten of verantwoordelijkheid. En vaak zonder enig begrip van de context.

Het Laidlaw-rapport identificeerde dit als een probleem met betrekking tot het mislukken van de aanbestedingsprocedure voor de InterCity West Coast-franchise in 2012, waarbij de evaluatie van de biedingen werd gecompromitteerd door het oneigenlijke gebruik van een financieel model (bekend als het GDP Resilience Model) dat niet geschikt was voor het doel.

Laidlaw schreef:

"Uit interviews blijkt een cultuur waarbij elk team de neiging had om slechts een beperkte reeks kwesties te overwegen die relevant waren voor zijn functionele gebied, zonder een duidelijk beeld van de implicaties voor het gehele project. Als voorbeeld: terwijl individuen uit het subteam voor spoorweganalyse het GDP Resilience Model ontwikkelden, lijken zij te hebben geloofd dat zij alleen verantwoordelijk waren voor het leveren van modelleringsinput en niet verantwoordelijk waren voor het controleren van de output."

Interne deskundigen kunnen net zo deskundig zijn als externe deskundigen.

Maar als je verwacht dat ze zonder een duidelijke opdracht werken, krijg je niet hun beste werk.

EEN VOORKEURSBIEDER SELECTEREN

Contracten voor megaprojecten zijn ingewikkeld. Hoe eerlijk, redelijk en standaard de voorwaarden ook zijn (en je moet altijd zoveel mogelijk doen om ervoor te zorgen dat de voorwaarden eerlijk, redelijk en standaard zijn), er zal altijd iets zijn dat je niet kunt regelen zonder met de bieder te onderhandelen.

Dat kan een probleem zijn bij het selecteren van een voorkeursbieder.

Bekijk het scenario in *Figuur 1*. Bieder 1 ligt duidelijk voor op

Bieder 2. Bieder 2 biedt misschien meer waar voor je geld, maar er is geen garantie dat ze voor zouden liggen op de huidige positie van Bieder 1 wanneer het contract wordt afgerond. Als je Bieder 1 selecteert, mis je misschien veel waarde. Als je Bieder 2 selecteert, riskeer je dat het proces wordt aangevochten door Bieder 1, die op het moment van beslissing voorop ligt.

Welke zou je moeten selecteren?

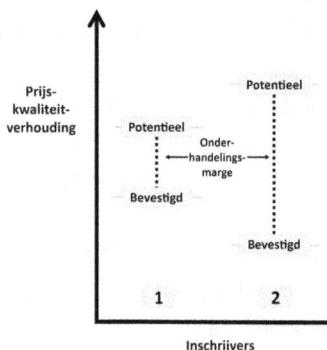

Figuur 1: Evaluatiescenario

Zodra een voorkeursbieder is bekendgemaakt, is de concurrentie in feite verdwenen. Zelfs als de nummer twee nog in de coulissen staat en theoretisch kan inspringen als de onderhandelingen met de voorkeursbieder mislukken, creëert dit niet veel concurrentiedruk. De weinige druk die er is, zal snel verdwijnen, aangezien de praktische haalbaarheid van het alternatief afneemt naarmate de tijd verstrijkt. Je onderhandelingsruimte krimpt daarmee.

Het beste antwoord in deze omstandigheden is waarschijnlijk om nog geen van beide bieders te selecteren.

Wanneer de beslissing op het nippertje is, weet je pas zeker dat je de juiste selectie maakt als je op het punt staat waar je een contract kunt ondertekenen. Ja, het bereiken van dat punt met twee inschrijvers kan ontmoedigend lijken. Het afronden van twee sets documentatie voor megaprojecten is geen kleine taak.

Aan de andere kant leert mijn ervaring dat onderhandelen met twee inschrijvers over het algemeen minder tijd kost dan onderhandelen met één. Zodra een voorkeursbieder is aangesteld, zal deze zich veilig genoeg voelen om meer concessies van je te vragen, en onderhandelingen kunnen eindeloos voortslepen. Wetende dat een concurrent nog steeds in de race is, ontmoedigt een inschrijver om alle kwesties aan te kaarten, behalve de echt belangrijke.

Zeker een optie om te overwegen.

Oog voor detail

Onlangs reisde ik met de trein naar Sydney en merkte ik dat Sydney Trains een veiligheidscampagne voor kinderwagens voerde. Advertenties en aankondigingen waarschuwden passagiers om kinderwagens parallel aan het perron te parkeren met de remmen erop.

Het deed me denken aan een vergelijkbare campagne van RailCorp, de voorganger van Sydney Trains, zo'n twaalf jaar geleden. Kaartjes werden toen nog handmatig gedrukt in de kaartverkooppunten van stations, en er was een ruimte op elk kaartje waar een boodschap van openbaar nut kon worden afgedrukt. Deze ruimte was ingezet voor de kinderwagenveiligheidscampagne.

De boodschap was kort en bondig:

TRAVELLING WITH A PRAM? TAKE CARE.

Helaas had iemand het aantal beschikbare tekens verkeerd geteld. Toen de boodschap op de kaartjes verscheen, stond er:

TRAVELLING WITH A PRAM? TAKE CAR

Oeps.

Het breken van de whiskyfles

Het aankondigen van de voltooiing van een project terwijl er nog werk te doen is, is vrijwel universeel. Als je genoeg hebt gedaan om met de werkzaamheden te beginnen, kun je stilletjes de probleemlist negeren, vooral als je een minister bent die wanhopig probeert een aankondiging te doen vóór de volgende verkiezingen. Maar dat werkt niet altijd.

Het klassieke voorbeeld van al te enthousiaste PR vond plaats rond de Glen Sannox, de eerste van de twee veerboten die in Schotland geleverd moesten worden door Ferguson Marine (zie Voorkeur voor lokale industrie hierboven). De veerboot, die gepland stond voor oplevering in mei 2018, kwam uiteindelijk pas in januari 2025 in dienst.

De overenthousiaste PR draaide om de eerste "tewaterlating" in 2017, toen de boot uit het droogdok werd gevaren om elders afgebouwd te worden. De gelegenheid werd met enige festiviteit gevierd en niemand merkte toen iets vreemds op. Maar twee jaar later beleefde de Schotse pers een absolute topdag toen ontdekt werd dat de brug van de nog steeds niet opgeleverde Glen Sannox geen ramen had ("Niets te zien hier" kopte *The Scottish Sun*.)

Een PR-enthousiasteling had gewoon wat zwarte verf aangebracht om de Glen Sannox afgewerkter te laten lijken dan hij werkelijk was. De niet-levering van de veerboot was al behoorlijk gênant voor de Schotse regering, maar de ontdekking dat de ramen alleen maar geschilderd waren, maakte hen compleet belachelijk.

Zo erg zelfs dat toen de tweede veerboot eindelijk het droogdok verliet in april 2024, mét ramen, zowel premier Nicola Sturgeon als minister van Transport Humza Yousaf nergens te bekennen waren. De eer om de whiskyfles tegen de romp te slaan (geen champagne, we hebben het hier over Schotland) werd in plaats daarvan gegeven aan Beth Atkinson, een van de werknemers van de werf, die net haar lasserskwalificatie had behaald. Gefeliciteerd, Beth. Moge je een lange en succesvolle carrière hebben.

GA UIT VAN EEN BLIKOPENER

Dat is een grap over economen, maar ook een benadering van probleemoplossing die vaker voorkomt dan de meeste mensen toegeven. Hier is een klassiek voorbeeld.

De Inquiry naar het flink vertraagde tramproject in Edinburgh ontdekte dat de planners een oplossing hadden voor vertraagde verplaatsingen van nutsvoorzieningen waar een econoom trots op zou zijn geweest.

Elke keer dat ze een herzien schema moesten uitbrengen, pasten ze de productiviteitsaannames aan. Niet, zoals je zou verwachten, om enig niveau van productiviteit te weerspiegelen dat daadwerkelijk op het project was bereikt. Nee, ze besloten in plaats daarvan een productiviteitsniveau te hanteren dat de gewenste einddatum zou opleveren.

Of, in economen-taal, ze gingen uit van een blikopener.

Raad eens. Het werd niet waargemaakt.

Mocht je jezelf ooit op een onbewoond eiland bevinden met een blik maar zonder blikopener, dan heb ik gehoord dat je gewoon de onderkant van het blik tegen een platte steen blijft wrijven en het uiteindelijk open zal gaan. Maar hoe vaak je ook onrealistische aannames in je projectplannen stopt, ze worden er niet realistischer van.

EEN VASTE FORMULE VOOR MEGAPROJECTEN?

Veel instanties hebben een standaard evaluatiespreadsheet en verplichten het gebruik ervan. Voordat je de offertes evalueert, beslis je over de gewenste weging tussen technische en prijsscores voor deze specifieke aanbesteding, en die weging wordt vastgelegd in de spreadsheet.

Zodra de offertes door de beoordelaars zijn gescoord, worden de technische scores voor elke inschrijver in één kolom ingevoerd, de prijzen in een andere kolom, en de spreadsheet vertelt je welke bieder het contract zou moeten krijgen.

Het werkt vrij goed voor kleine aanbestedingen. Het beperkt de mogelijkheid voor bevooroordeelde beoordeling en geeft de evaluatoren gemoedsrust. Geen zorgen over of je het juiste antwoord hebt. De spreadsheet heeft gesproken.

Werkt het voor megaprojecten?

Je hebt een manier nodig om scores voor prijs en technische criteria te integreren. Wegen hogere kosten op tegen lagere kwaliteit, en zo ja, in welke mate? Het probleem is dat deze standaard evaluatiespreadsheets ervan uitgaan dat je het standaardcontract van de instantie gebruikt.

Raad eens. Dat gebruik je niet.

Inschrijvers zullen het contract (dat in elk geval waarschijnlijk niet het standaardformulier van het agentschap is) op allerlei verschillende manieren aanpassen, wat misschien een aanzienlijke impact heeft op de prijs-kwaliteitverhouding.

Sommige van die wijzigingen zijn misschien eenvoudig in euro's te kwantificeren. Maar vaak zijn de gewijzigde clausules degene die alleen in werking treden in een situatie zo ernstig dat noch jij noch de inschrijver het contract überhaupt zou tekenen als een van jullie dacht dat er een reële kans was dat het zover zou komen.

Probeer dat maar eens in een spreadsheet te zetten.

Eigenlijk raad ik je aan dat niet te doen. Megaprojectoffertes kunnen meer complicaties opleveren dan iemand ooit in een vaste formule zou kunnen vatten.

Sla die vaste formule dus over en geef de evaluatiecommissie wat vrijheid om haar oordeel te gebruiken bij het maken van aanbevelingen. Niet zoveel dat het de deur opent naar vooroordelen en manipulatie. Maar genoeg om met het onverwachte om te kunnen gaan.

Het is een megaproject. Het onverwachte is wat je krijgt.

NU ONTWERPEN OF LATER BETALEN

Toegankelijkheid voor gehandicapten, of het nu om gebouwen of treinen gaat, is een van die dingen die zeer weinig extra kosten als je het vanaf het begin in het ontwerp opneemt. En een fortuin kost als je dat niet doet.

Queensland bestelde in 2014 75 zeswagontreinen. De Commission of Inquiry uit 2018 ontdekte dat het projectteam geen adequaat begrip had van de vereisten van de wetgeving voor toegankelijkheid voor gehandicapten en geen deskundige hulp had ingeschakeld om dit gebrek aan te vullen. Vroegtijdig en oprecht overleg met de gehandicaptensector had hen op het juiste spoor kunnen zetten, maar dat gebeurde ook niet.

Het grootste probleem was dat de specificatie die bij de aanbesteding werd uitgegeven slechts één toegankelijk toilet per trein vereiste in plaats van twee, wat naleving van de wettelijke vereisten onmogelijk maakte. Het ene toilethokje dat was geïnstalleerd, voldeed niet aan de minimale maatvoering.

De treinen waren nauwelijks in dienst toen ze er weer uit moesten worden gehaald voor aanpassingen aan de toilethokjes: installatie van een tweede toilet, vergroting van het oorspronkelijke hokje, toevoeging van hulppunten en, in de enigszins ongelukkige formulering van Wikipedia, installatie van "lichten die waarschuwen in geval van evacuatie."

De kosten, ongeveer 335 miljoen dollar, zouden slechts een fractie daarvan zijn geweest als de specificatie het vanaf het begin goed had gedaan.

Een gelijk speelveld creëren

Toen ik in 2004 de Waratah-treinaanbesteding leidde, besloot de regering van New South Wales om de bouw van een nieuwe onderhoudsinstallatie in het contract op te nemen.

Treinfabrikanten hebben over het algemeen geen bouwexpertise. Door opname van een onderhoudsinstallatie zou de succesvolle inschrijver onvermijdelijk een consortium van enige aard zijn, waarbij één lid de expertise in treinproductie had en één de expertise in het bouwen van onderhoudsinstallaties. Klonk vrij standaard.

Probleem. Terwijl de markt voor treinfabrikanten internationaal was, was de markt voor installatiebouw lokaal en er waren meer potentiële treinleveranciers dan installatiebouwers. Elke treinleverancier die geen danspartner kon vinden, zou uit de competitie worden gehandicapt. De shortlist van inschrijvers zou effectief worden bepaald door de keuze van de installatiebouwers voor welke treinleverancier ze mee in zee wilden gaan.

Niet acceptabel.

In plaats daarvan maakten we het mogelijk dat een inschrijver op de shortlist kon komen zonder bouwcapaciteiten te hebben.

Een beetje bizar, gezien de bouw van de onderhoudsinstallatie een belangrijk onderdeel was van het contract van 3,6 miljard dollar. Maar we waren van mening dat de treinen prioriteit moesten krijgen bij de evaluatie en dat elke treinleverancier die op de shortlist kwam, een bekwame installatiebouwer zou kunnen aantrekken voor de volgende fase.

Het werkte.

Recyclen is goed. Behalve wanneer het niet goed is.

Het is mogelijk dat het oliebedrijf dat in de Golf van Mexico boorde oprecht geloofde dat hun activiteiten ten zuiden van Florida een gevaar vormden voor de habitat van ijsberen.

Het is misschien waarschijnlijker dat hun risicoregister een rechtstreekse knip- en plakklus was, gerecycled van operaties in Alaska. Geen goed beeld.

Een risicoregister is geen hokje dat je afvinkt, het is een hulpmiddel voor het managen van het project:

- Het opstellen ervan dwingt je om na te denken over wat er mis kan gaan en hoe je ervoor kunt zorgen dat het in plaats daarvan goed gaat.
- Het periodiek vernieuwen ervan dwingt je na te denken over wat er is veranderd en of je iets anders moet gaan doen.
- Bovendien dient het als een checklist voor regelmatige controle dat het geplande risicomanagement daadwerkelijk plaatsvindt.

Knippen en plakken voegt geen waarde toe. Zelfs niet voor ijsberen.

DEEL 3

∞

VAARWEL, MEGAPROJECTEN; HALLO, GIGAPROJECTEN

We zijn hier eerder geweest.

Tekstverwerkers versnellen het typen. Contracten worden langer.

Snellere treinen verkorten reistijden. Mensen gaan verder weg wonen.

Veiligheidsgordels maken ongelukken bij hoge snelheid beter overleefbaar. Mensen gaan harder rijden.

Onvermijdelijk worden zaken die bedoeld zijn om het leven eenvoudiger of veiliger te maken gebruikt om een grotere mate van complexiteit of risico mogelijk te maken.

Dus. We hebben de financierings-, technische en contractuele instrumenten gecreëerd die ons in staat stellen megaprojecten uit te voeren. Naarmate deze instrumenten verbeteren, zullen we dan gewoon megaprojecten beter uitvoeren, of zullen we de instrumenten gebruiken om steeds grotere niveaus van complexiteit en risico aan te gaan?

Eh.

Het worden dus gigaprojecten.

Russische roulette

Wanneer je het over 'een contract winnen' hebt, is dat de taal van het spelen van spellen.

In sommige opzichten is het wél een spel. Er zijn regels. Je kunt punten scoren op het evaluatiebord. Je kunt je best doen en toch met lege handen staan als het eindsignaal klinkt. Goed gespeeld, meer succes de volgende keer.

Het is prima om het aanbestedingsproces als een spel te beschouwen. Maar als jij degene bent die de regels bepaalt, zou je de bieders niet moeten vragen om Russische roulette te spelen.

Het is gemakkelijk genoeg om een verlies af te doen met een 'soms win je, soms verlies je'-houding als je weet dat er een andere kans komt om te winnen. De winst van het ene contract houdt je overeind tijdens het verlies op een ander.

Dat geldt niet als het verlies groot genoeg is om een bedrijf ten onder te laten gaan. Russische roulette is een dom spel om te spelen, omdat je maar één keer kunt verliezen.

Een van de problemen met megaprojecten is dat ze gepaard gaan met mega-risico's. Dit betekent dat je in de problemen kunt komen met het algemene principe dat een risico moet worden toegewezen aan de partij die het best in staat is om het te beheersen.

Soms is de partij die het best in staat is om een risico te beheersen niet ook het best in staat om het te overleven.

Expertise gaat niet altijd gepaard met het soort balans dat een verlies van honderden miljoenen kan wegwuiven. En soms gebeurt er een ramp, ongeacht hoeveel expertise je inzet om te proberen het te voorkomen.

Als je een aannemer verplicht om ongelimiteerde of niet-gedeelde risico's te nemen die te groot zijn voor de balans, leidt dit tot slechte praktijken, zoals de aannemer die het risico verder in de keten doorschuift naar onderaannemers die nog minder in staat zijn om het te dragen.

Je krijgt de beste prestaties van aannemers wanneer ze zelf iets te verliezen hebben. Zorg er alleen voor dat het niet het kleine stukje huid boven de slaap is.

HET SEKSLEVEN VAN DASSEN

Het is waarschijnlijk een beetje gênant om een contractstructuur te hebben die wordt bepaald door het seksleven van dassen.

Het project was Fase 1 van de Channel Tunnel Rail Link, nu HS1 genoemd, die de lijn van de Kanaaltunnel naar de rand van Londen aanlegde.

Het projectcontract was een monstrueus ding: de documenten, dubbelzijdig afgedrukt, vulden uiteindelijk tweeëntwintig ringmappen van 7,5 centimeter dik. Er was een PPS geweest om de lijn helemaal naar St Pancras aan te leggen (ongeveer 5 ringmappen waard), maar de aannemer was in financiële moeilijkheden geraakt en het project werd volledig geherstructureerd. Het oorspronkelijke PPS-contract werd behouden, maar verpakt in nieuwe contracten die Railtrack, toen in de onwaarschijnlijke rol van redder in nood, verplichtten om fase 1 te bouwen en een optie te nemen om fase 2 te bouwen.

En toen waren er de dassen, die hun burchten zeer ongelegen in de directe lijn van de nieuwe spoorlijn hadden gegraven.

De Britse houding tegenover dieren is zodanig dat de huizen van mensen op elk moment van het jaar verplicht kunnen worden aangekocht en gesloopt, maar dassen krijgen vrijstelling tijdens het paarseizoen.

Vermoedelijk werd deze attente bepaling weggelaten uit de onteigeningswetgeving die van toepassing is op mensen, op basis van het feit dat, aangezien het menselijke paarseizoen het hele jaar door duurt, dit het doel van de wet zou ondermijnen.

Hoe dan ook, de onderhandelingen over het monsterverdrag werden gevaarlijk dicht bij het begin van het paarseizoen van de dassen verlengd. Het niet ondertekenen vóór het begin zou het project maanden vertragen, terwijl de bouw zou wachten op de *amours* van de dassenpopulatie. Niet acceptabel. Maar er is een limiet aan hoe snel je 22 ringmappen aan contractdocumentatie kunt opstellen.

Op het laatste moment werd er een extra contract speciaal gemaakt voor het verwijderen van de dassenburchten, onderdeel van de hele, monstrueuze contractsuite maar vooraf ondertekend. Onder dit contract begon de aannemer onmiddellijk met het werk. De verwijderingswerkzaamheden zouden worden betaald onder het hoofdcontract, maar de aannemer zou afzonderlijk een claim kunnen indienen als de onderhandelingen zouden mislukken.

Dankzij het dassenverwijderingscontract kon de hele Fase 1 op tijd en binnen het budget worden opgeleverd.

Eigenlijk helemaal niet gênant.

Mediamassage

Sommige pogingen om de mediareactie op projecten te masseren gaan verschrikkelijk mis, zoals de lancering van de Glen Sannox in Schotland met alleen geschilderde ramen (zie Het breken van de whiskyfles hierboven).

Soms kom je er bijna mee weg. Het raamgebrek van de Glen Sannox werd destijds niet opgemerkt - het was een paar jaar later dat de media erachter kwamen en het project genadeloos afkraakten.

Soms kom je er écht mee weg. In 2009 arriveerde het Waratah-prototype trein voor Sydney bij de haven van Newcastle met veel media-aandacht. Ik had het project toen al verlaten en zag het net als iedereen op het nieuws.

Het was jaren later voordat ik ontdekte dat de vrolijke banner die aan de trein hing strategisch was geplaatst om een onooglijke vervorming van de stalen behuizing te verbergen, veroorzaakt door een probleem met de mallen. Het enige doel was om het defect te verbergen voor een perscorps dat anders een goed nieuwsbericht zou hebben veranderd in een projectafbrandend mediaspektakel. Het werkte.

Je wint wat, je verliest wat.

Ontoereikende inkomsten

Aannemers geven niet om de inkomsten van opdrachtgevers, ze geven alleen om hun eigen kosten. Normaal gesproken maakt dat niet uit.

De aannemer is wanhopig om het activum over te dragen zodat ze kunnen stoppen met het maken van kosten, en de opdrachtgever is wanhopig om het activum in handen te krijgen zodat ze kunnen beginnen met het genereren van inkomsten. Wanneer de infrastructuur die wordt gebouwd nieuw is, liggen de belangen op één lijn.

Voor een vervangings-/vernieuwingsproject ligt het wat anders. Er is onvermijdelijk een periode waarin de inkomsten van de opdrachtgever wegvallen. Het oude activum moet worden uitgeschakeld, dus dat genereert geen inkomsten meer, maar het nieuwe activum is nog niet operationeel, dus dat genereert ook nog geen inkomsten. De periode kan kort of lang zijn, dagen of jaren, afhankelijk van de aard van het activum en de bouwmethodiek.

De periode van ontoereikende inkomsten heeft twee gevolgen. Bij gelijke omstandigheden:

1. Een bouwmethodiek die de periode van ontoereikende inkomsten verkort, is waardevoller voor de opdrachtgever dan een bouwmethodiek die deze verlengt.

2. Een risicobeperkende maatregel die het risico op
vertraging tijdens de periode van ontoereikende
inkomsten vermindert, is waardevoller voor de
opdrachtgever dan een risicobeperkende maatregel die
het risico op vertraging vermindert terwijl het
oorspronkelijke activum nog in bedrijf is.

Een bieder is zelden hiervan bewust.

Hun zorg is om de klus te klaren en de bouwkosten laag te
houden. Bij een spoorwegproject op een bestaande locatie
hebben ze bijvoorbeeld veel liever een stillegging van drie
maanden dan een jaar lang weekendbuitendienststellingen, ongeacht de impact op diensten en passagiersinkomsten.

Moet je hen dwingen om aandacht te besteden door het minimaliseren van de periode van ontoereikende inkomsten een
criterium te maken in de beoordeling?

Misschien. Maar misschien ook niet. Helaas, terwijl het
potentieel voor inkomstenverbetering beperkt is, is het potentieel voor kostenoverschrijdingen bijna oneindig. Het verminderen van vertragingen in de bouw - zelfs die gericht zijn op het
zo lang mogelijk behouden van inkomsten - heeft een grote
impact op risicobeperking. Het is geen troost om nog een paar
miljoen extra inkomsten te genereren als dit ruimte biedt voor
veel kostbaardere risico's.

TIJD KOPEN

Tijdsdruk is een klassieke projectkiller. Wanneer urgentie elke
andere overweging overstemt, weet je dat een ramp niet ver
weg is.

Een jaar of twaalf geleden moest RailCorp een contract voor
het onderhoud van rollend materieel in Sydney opnieuw aanbesteden, een enorm contract van tig miljoenen. De vervaldatum
van het toenmalige contract naderde, en hoewel er theoretisch

genoeg tijd was om een aanbestedingsproces te doorlopen, zou de tijdsdruk intens zijn.

Dus voordat we het aanbestedingsproces begonnen, onderhandelden we over opties voor een paar verlengingen van een jaar met de bestaande aannemer. Er was nog steeds tijdsdruk. De contractverlengingen zouden niet onder zulke goede voorwaarden zijn als we in de concurrerende markt konden verwachten, dus we wilden zo snel mogelijk overgaan naar het nieuwe contract. Maar we zaten niet langer in een positie waarin we absoluut onmiddellijk een nieuw contract moesten tekenen, en dat maakte het verschil.

Ongeveer in dezelfde tijd probeerde het Britse Ministerie van Transport de InterCity West Coast-spoorwegdiensten voor passagiers opnieuw aan te besteden. De uitnodiging tot inschrijving werd in januari uitgegeven voor een concessie die in december zou aflopen. Volkomen mogelijk, maar met zeer weinig foutmarge.

Er werden fouten gemaakt. De verliezende bieder spande een zaak aan en het aanbestedingsproces moest worden geannuleerd, waarbij bieders ongeveer £40 miljoen aan compensatie mee naar huis namen. De zittende partij kreeg een haastig onderhandelde verlenging van twee jaar, ongetwijfeld onder gunstige voorwaarden omdat de Ministerie nergens anders heen kon.

Het daaropvolgende inquiry-rapport was duidelijk over het kernprobleem: *"de kwaliteit en robuustheid van de ICWC-aanbesteding werd ondergeschikt gemaakt aan een allesoverheersende druk om de aanbesteding op tijd af te ronden"*.

Misschien was er geen gelegenheid om vooraf over verlengingsopties te onderhandelen. Maar de extra tijd die het had gekocht, zou zeker van pas zijn gekomen.

Kostenramingen ver onder de uitkomst. Waarom?

In de jaren 90 evalueerden managers bij Railtrack (de voorganger van Network Rail) van British Rail overgenomen projecten om te ontdekken waarom de kostenramingen zo ver van de werkelijkheid afstonden.

Opzettelijke 'strategische verkeerde voorstelling' (kosten te laag inschatten om goedkeuring te krijgen) was bij deze gelegenheid niet het probleem – managers wilden op een vrij concreet niveau weten waar de schattingen fout gingen.

Merkwaardig genoeg bleek dat British Rail eigenlijk vrij goed was in het schatten van kosten. Waar ze verschrikkelijk slecht in waren, was het schatten van de scope. De projecten kostten meer omdat de ramingen delen van activiteiten weglieten.

Ik vermoed dat het een combinatie was van een silo-organisatie en een slecht investeringsproces.

De silo-organisatie betekende dat ingenieurs ramingen produceerden waarin alleen stond 'plus vastgoedkosten', in plaats van naar de vastgoedafdeling te gaan om iemand te vinden die de waarschijnlijke vastgoedkosten kon berekenen.

Het slechte investeringsproces stond toe dat projecten doorgingen terwijl de ramingen nog steeds 'plus vastgoedkosten' vermeldden.

Als je de scope niet begrijpt, kun je onmogelijk de kosten begrijpen.

Knoeien met het spreadsheet

Londen is de spirituele thuisbasis van cowboy-klusjesmannen, en de daadwerkelijke thuisbasis van een deprimerend aantal van hen.

Toen ik daar woonde, werd ik ooit geconfronteerd met een factuur die niet klopte. Letterlijk. Het totaal onderaan de kolom was aanzienlijk hoger dan de som van de getallen in de kolom erboven.

Ik kan rekenen. En het is niet totaal ongebruikelijk om een klusjesman te vinden die dat niet kan. Wat me volledig van mijn stuk bracht, was dat de factuur geen tekstdocument was, maar een spreadsheet. De Excel optelfunctie kon niet optellen? Apocalyptisch.

Gelukkig, net voordat mijn hersenen compleet vastliepen, merkte ik op dat de rijnummering aan de linkerkant niet volledig opeenvolgend was. Het onthullen van de drie verborgen rijen bracht ook drie nieuwe getallen aan het licht in de kolom met cijfers, wat het gat tussen mijn rekenwerk en de Exceloptelfunctie netjes overbrugde.

Uiteraard betaalde ik het lagere bedrag.

Je verwacht dit soort dingen wel van beunhazen. Het is verontrustender als je het tegenkomt in een megaproject.

Bij het Edinburgh Tram-project, dat in 2014 werd voltooid, kreeg de analist die de kwantitatieve risicoanalyse uitvoerde ter ondersteuning van de financieringsaanvraag, de opdracht van het agentschap om het spreadsheet aan te passen – niet om de aannames te veranderen, maar om in het model handmatig één enkele waarde met £1,3 miljoen naar beneden bij te stellen – om de risicoanalyse er beter uit te laten zien voor de financiers.

De analist, die zich blijkbaar niet bekommerde om de ethiek van de situatie, paste de risicoanalyse aan volgens de instructies en meldde per e-mail dat hij *'de spreadsheet geknoeid had"*. Hij bevestigde dat het zou helpen om *'het eindresultaat langs CEC te krijgen omdat ik betwijfel of ze zullen opmerken wat ik heb gedaan."*

Ze merkten het inderdaad niet op.

Zoals later evident werd, was de ontbrekende £1,3 miljoen slechts een druppel op een gloeiende plaat vergeleken met de omvang van de overschrijdingen: drie jaar te laat en £290 miljoen boven budget om een lijn op te leveren die twee kilometer voor de oorspronkelijk beoogde bestemming eindigde.

Reken dat maar eens na.

Geen commentaar

Een goedkeurende instantie voorzien van commentaar op een evaluatierapport is niet behulpzaam, het vraagt om problemen. De Australische burgerluchtvaartautoriteit kwam daar in de jaren '90 achter toen ze probeerden een luchtverkeersleidingsysteem aan te schaffen en jammerlijk faalden.

Het initiële evaluatierapport beval Hughes Aircraft Systems International aan boven de als tweede gerangschikte aanbieder, Thomson Radar Australia Corporation.

Het rapport aan het bestuur ging vergezeld van een notitie met commentaar van de CEO, die de aanbeveling ondersteunde maar het bestuur vroeg om kennis te nemen van de zorgen van het management over de risico's van het voorstel van Hughes, met name met betrekking tot softwareontwikkeling. In de notitie werd niet vermeld dat het evaluatieteam deze risico's in aanmerking had genomen maar toch Hughes had aanbevolen.

Dat was alles wat nodig was. Het bestuur was compleet van slag. De haas was losgelaten: het voorstel van Hughes was riskant en dat van Thomson niet. Het bestuur verwierp de aanbeveling en stuurde het management terug om het opnieuw te proberen.

Het management lijkt dit te hebben opgevat als een opdracht om bewijs te vinden dat het voorstel van Hughes riskant was. Ze verzamelden informatie over het relatieve aantal Source Lines of Code, of 'SLOC', in elk softwareontwikkelingsvoorstel. Thomson had veel meer SLOC dan Hughes. Het team greep dit aan als bewijs dat het voorstel van Hughes riskanter was.

Een software-expert, die werd binnengehaald voor bevestiging, adviseerde daarentegen dat de verschillen in de aantallen te verwachten waren omdat Hughes software vanaf nul zou ontwikkelen en Thomson bestaande software zou hergebruiken: aanpassing van bestaande software gebruikt meer SLOC. Op zich, het verschil in SLOC had niks te maken met relatieve risico.

O jee. Het rapport van de expert had het 'verkeerde' antwoord gegeven en werd genegeerd.

Het bestuur kreeg vervolgens, toepasselijk genoeg op een vrijdag de 13ᵉ, het volgende voorgelegd:

- de oorspronkelijke samenvatting van de evaluatie, die Hughes nog steeds bovenaan toonde op basis van een analyse die een beoordeling van het softwareontwikkelingsrisico omvatte;
- een vergelijkingstabel van het SLOC-verschil, minus het expertrapport dat zou hebben aangetoond dat het misleidend was; en
- een document dat Thomson aanbeval op basis van het feit dat het voorstel van Hughes een hoog risico inhield.

Het bestuur, waarvan niemand veel van software wist, besloot weinig verrassend ten gunste van Thomson. De beslissing werd na een externe beoordeling teruggedraaid en het aanbestedingsproces moest opnieuw worden uitgevoerd.

Niet alle commentaar leidt tot zo'n parodie. Maar het evaluatierapport moet een volledig document zijn dat een evenwichtig beeld geeft van alle relevante factoren en is ondertekend door de beoordelaars. Het toevoegen van commentaar introduceert vooringenomenheid en wijzigt in feite het rapport eenzijdig.

Eventuele problemen moeten in de conceptfase van het rapport aan de orde komen, zodat de beoordelaars ze kunnen overwegen en kunnen beslissen of het concept moet worden aangepast.

Verspil nooit een bijna-ongeluk

Het onderzoek naar de instorting van de Francis Scott Key Bridge in Baltimore in maart 2024 is nog in volle gang. Eén ding is vrij duidelijk. Elke vervangende brug zal meer bescherming bieden voor de pijlers tegen aanvaringen door een groot schip.

En toch was het ontwerp bij de opening in 1977 wellicht adequaat. Schepen waren kleiner en minder frequent, en de kans dat een schip catastrofale schade aan de brug zou veroorzaken, was dienovereenkomstig veel kleiner. Toen een schip in 1980 tegen een pijlerafweerconstructie van de brug botste, moest deze worden vervangen, maar de brug zelf was in orde.

Het verhaal van de langzaam kokende kikkers schiet me te binnen. Het risico had klaarblijkelijk toegenomen, en op een gegeven moment werd het risico groot genoeg om de kosten van extra bescherming van de pijlers te rechtvaardigen. Wanneer? Dat werd niet overwogen in het *Marine Investigation Preliminary Report*, maar met de wijsheid van achteraf kunnen we aannemen dat het ruim vóór maart 2024 was.

Wat Baltimore echt nodig had, was een bijna-ongeluk – niet een stil, onder-het-tapijt-veegbaar bijna-ongeluk, maar een zeer zichtbaar, hartkloppend, jeetjemina-dat-scheelde-weinig moment – dat de wil en de financiering zou hebben vrijgemaakt om de brugbescherming te upgraden.

Die kreeg het niet. Maar misschien kan het er een bieden voor de rest van ons. Hoeveel brugeigenaren wereldwijd keken naar de video van de ingestorte brug en dachten: 'Shit, zou dat bij ons kunnen gebeuren?'

Ja, dat zou waarschijnlijk kunnen. Misschien is dit een goed moment om financiering voor een upgrade aan te vragen.

HET 80/20-PRINCIPE ONDER DE KNIE KRIJGEN

Het 80/20-principe is een uitstekende leidraad voor prioritering. Maar de Minister begrijpt de wiskunde waarschijnlijk niet.

In grote lijnen staan acties en resultaten zelden in een 1:1-verhouding. 20% van je acties zal 80% van je resultaten opleveren. 20% van je klanten zal 80% van je winst genereren. De verhouding is niet altijd precies 80/20 – het kan 70/30 of 99/1 zijn, maar het blijft een goed idee om je inspanningen te richten op zaken die het meeste verschil maken.

Je moet wel voorzichtig zijn wanneer je op zoek gaat naar financiering.

Als je zegt: 'Dit project zal de oorzaak van 50% van de vertragingen op het spoorwegnetwerk elimineren', is het zo goed als gegarandeerd dat wat de minister hoort is: 'Dit project zal 50% van de vertragingen op het spoorwegnetwerk elimineren.'

Dat is absoluut niet hetzelfde.

Als bijvoorbeeld 30% van de treinvertragingen wordt veroorzaakt door startmotorstoringen, kan het zinvol zijn om een startmotorvervangingsprogramma op te zetten. Dat elimineert de oorzaak van 30% van de vertragingen. Het zal de totale vertragingen bijna zeker niet met 30% hebben verminderd.

De treinen die voorheen vertraagd zouden zijn door kapotte startmotoren, rijden nu op het netwerk, waar ze voor het eerst de kans krijgen om vertraagd te worden door defecte remmen, wisselstoringen, suïcidale koeien en alle andere spannende dingen die treinen op een complex netwerk kunnen overkomen.

Als je begint met een netwerk dat vol zit met vertragingen, kan het zijn dat je pas twee of drie of zelfs meer lagen diep moet gaan in het elimineren van oorzaken voordat je de wijzer echt kunt verschuiven in het elimineren van de vertraging zelf.

Tegen die tijd zal de minister, die ten onrechte dacht dat 30%

van de vertragingen zou verdwijnen na het startmotorproject, om je bloed schreeuwen.

Dat betekent niet dat het het verkeerde project was. Het 80/20-principe is geweldig.

Wees gewoon voorzichtig met hoe je de verwachte resultaten communiceert.

DE HELDERHEID VAN TERUGKIJKEN

Waarom is het zo moeilijk om fouten in je eigen logica te zien?

In 2012 probeerde het Britse Ministerie van Transport de treinexploitatieconcessie voor InterCity West Coast opnieuw aan te besteden. En faalde. Volledig.

Er waren verschillende dingen mis, maar het meest kritieke was dat bieders verplicht waren om een achtergestelde leenfaciliteit te verstrekken om ervoor te zorgen dat de succesvolle bieder voldoende toegang tot kapitaal had. Het bedrag van de leenfaciliteit werd voor elke bieder apart berekend, en was uiteraard van cruciaal belang voor de biedingen. Zou het £60 miljoen zijn? £250 miljoen? Nul? – het maakt een verschil.

Het Ministerie besloot het bedrag van de leenfaciliteit voor elke bieder te berekenen met behulp van een financieel model dat niet voor dat doel was ontworpen. Ze erkenden dat als ze het model aan de bieders zouden onthullen, het zou worden aangevochten.

Hun ogenschijnlijk logische oplossing? Aangezien het model zou worden aangevochten als ze het zouden onthullen, zouden ze het niet onthullen.

In plaats daarvan besloot het ministerie richtlijnen uit te vaardigen aan de bieders, in feite zeggende: we geven je het model niet, maar we vertellen je grofweg hoe het werkt en geven je een vuistregel om je een idee te geven van de waarschijnlijke vereiste.

Helaas kwamen de richtlijnen niet overeen met het model, inclusief een elasticiteitsfactor die meer dan 20% afweek en een mismatch tussen reële en nominale cijfers, wat betekende dat de richtlijnen het bedrag van de faciliteit met ongeveer 50% onderschatten.

Om het probleem te verergeren, toen de cijfers uiteindelijk uit het model kwamen, besloot het ministerie dat ze hen toch niet leuk vonden en ging verder met ze te veranderen, wat niet in overeenstemming was met de uitgevaardigde richtlijnen.

En om het allemaal af te toppen, oefenden ze hun discretionaire bevoegdheid uit – de discretie die volgens de richtlijnen ze niet hadden – die tussen de twee bieders verschilde. De ene leenfaciliteit werd verhoogd van nul naar £40 miljoen, en de andere werd verlaagd met £62 miljoen, wat effectief een boete van £100 miljoen oplegde aan een van de bieders, Virgin.

De fout in de oorspronkelijke logica werd toen onthuld. Virgin, de toenmalige treinexploitant, hoefde het financiële model niet eens te zien om te beseffen dat er iets heel erg mis was gegaan. Richard Branson diende een klacht in, en toen zijn klachten werden genegeerd, spande hij een rechtszaak aan. De competitie werd geannuleerd en het Ministerie moest een verlenging van twee jaar voor de Virgin-franchise onderhandelen, alleen om de treinen te laten rijden terwijl ze de puinhoop opruimden.

Een minder gebrekkige logica? Als het oorspronkelijke model niet robuust genoeg is om een uitdaging van de bieders te doorstaan, gebruik er dan een die dat wel is.

Goedkoop en vrolijk

De eerste spoorweghangbrug, voltooid in 1855, werd gebouwd over de Niagara-rivier (onderdeel van de grens tussen de VS en Canada) onder de waterval.

Een probleem voor alle hangbruggen is hoe je eerste lijn over de kloof krijgt. Charles Ellet Jr, de oorspronkelijke hoofdingenieur (later vervangen door John Roebling), besloot dit op te lossen door een lichtgewicht tijdelijke hangbrug te bouwen.

Dit creëerde natuurlijk een kip-en-ei-probleem: hoe kon hij een lijn over de kloof krijgen om de bouw van de tijdelijke hangbrug te ondersteunen die de bouw van de spoorweghangbrug zou ondersteunen?

Voorstellen omvatten het afschieten van kanonskogels met de lijn eraan vastgemaakt en het vastbinden van de lijn aan een raket die vervolgens over de kloof zou worden gelanceerd. Zelfs in een tijdperk met minder aandacht voor gezondheids- en veiligheidsoverwegingen waren deze suggesties enigszins alarmerend.

De uiteindelijke oplossing? Ellet organiseerde een vliegerwedstrijd.

De uitgeloofde prijs was $5 (ongeveer $200 in hedendaags geld) voor elke jongen die een vlieger over de kloof zou laten vliegen en het vliegertouw aan de andere kant zou vastmaken.

Dat was gemeenschapsbetrokkenheid. Jongeren uit nabijgelegen plaatsen stroomden blijkbaar toe om deel te nemen aan de wedstrijd, die in januari 1848 werd gehouden. De prijs werd gewonnen door de 16-jarige Homan Walsh, de enige jongen die zijn vlieger vanaf de Canadese kant had opgelaten.

Een aanvoerlijn werd aan het vliegertouw bevestigd en over de kloof getrokken, waarna de noodzakelijke dikkere lijn werd vastgemaakt en met behulp van de aanvoerlijn over de kloof werd getrokken.

Oplossingen worden niet veel goedkoper of vrolijker dan dat. Maar het werkte.

De verkeerde kant opgaan

Opdrachtgevers die domme risico's nemen bij een megaproject gedragen zich vaak als een macho fietser die tegen de richting in rijdt op een eenrichtingsstraat. Ze verwachten dat iedereen voor hen aan de kant gaat.

Het salarisadministratie-debacle in Queensland (zie Salaris-administratie problemen hierboven) was daar een goed voorbeeld van. Ze wisten vanaf het begin hoe ingewikkeld de arbeidsregelingen waren (12 cao's, zes verschillende arbeidsover-eenkomsten, 200+ toelagen, enz.).

Voor zelfs de minst IT-kundige waarnemer had het duidelijk moeten zijn dat deze situatie een verschrikkelijk uitgangspunt was voor de implementatie van een gecentraliseerd salarisadmi-nistratiesysteem. De fietser werd geconfronteerd met een groot rood bord met daarop: 'GA TERUG, U RIJDT DE VERKEERDE KANT OP'.

Nu is het begrijpelijk dat het in de overheid een hardnekkig probleem is dat sommige uitdagingen onopgelost blijven omdat ze gewoon te moeilijk zijn. Niemand kan de wil of het vermogen opbrengen om de management- en arbeidsverhoudingen bij fundamentele veranderingen aan te pakken.

Maar als je het onderliggende probleem niet kunt aanpakken, is het geen goed idee om gewoon door te gaan alsof het niet bestaat.

Aangezien de lokale salarisadministrateurs het enige bind-middel waren dat het bestaande, kwetsbare salarissysteem bij elkaar hield, had Queensland Health kunnen accepteren dat de overgang naar totale centralisatie met het nieuwe systeem in één grote stap waarschijnlijk nooit zou werken. Als ze in plaats daarvan een gefaseerd proces hadden geprobeerd, met behoud van enige lokale betrokkenheid, zou het project een veel betere kans op succes hebben gehad.

Dat deden ze niet.

Jammer. Het zou veel minder riskant zijn geweest dan midden op de weg het tegemoetkomende verkeer in te razen.

Een megaproject is geen bijbaantje

Sociale media staan vol met mensen die zeggen dat iedereen een bijbaantje zou moeten hebben. Ik ben het daar niet mee eens.

Wil je een bijbaantje om wat extra geld te verdienen, of wil je die tijd besteden aan het opbouwen van je expertise, zodat je een leidende rol kunt spelen in een megaproject?

Bouw meesterschap op in je vakgebied en je krijgt de kans om deel uit te maken van geweldige projectteams die de infrastructuur leveren die gemeenten van energie voorziet en met elkaar verbindt.

Als kind, opgroeiend in Sydney, keek ik altijd naar de Sydney Harbour Bridge en dacht ik hoe geweldig Bradfield zich moet hebben gevoeld, om ernaar te kunnen wijzen en te zeggen: 'Dat heb ik gedaan.'

Als volwassene leerde ik dat hij zou hebben gezegd, 'Dat hebben wij gedaan' – zelfs de Bradfields en Brunels van deze wereld doen het niet alleen.

Maar ik leerde ook dat deel uitmaken van een team een deel van de kick is. Het is echt energiegevend om te werken met creatieve experts die elk probleem kunnen oplossen dat je ze voorlegt, en om te zien hoe alle afzonderlijke stukken samenkomen om iets te creëren dat groter is dan de som der delen.

Een bijbaantje? Ik begrijp dat extra geld handig is. Maar het zal nooit de Sydney Harbour Bridge opleveren.

Het contract omzeilen

Er was een bouwcontract in New South Wales dat in wezen een vaste prijs had. Het werk vereiste echter veel graven van sleuven voor kabels, en de bodemgesteldheid was onbekend.

Aangezien het een groot verschil maakt in kosten of sleuven door aarde of door massief gesteente worden gegraven, werd het sleuvenelement apart behandeld. Naast de vaste prijs voor het grootste deel van het werk, boden de inschrijvers een tarief-schema voor het graven van de sleuven, zoveel per meter afhankelijk van de bodemgesteldheid.

Vrij standaardprocedure. Behalve dat het om verschillende redenen handiger werd om een groot deel van het sleufwerk intern te doen, wat volgens het contract was toegestaan. Dus werd er een bericht naar de aannemer gestuurd waarin dat onderdeel van de bouwwerkzaamheden uit hun werkpakket werd gehaald.

Waardoor het geluid van jammeren en tandenknarsen.

Het bleek dat de aannemer opzettelijk een laag bod had uitgebracht op het element met vaste prijs van de werkzaamheden, in de verwachting winst te maken op de enigszins verhoogde tarieven die ze hadden geboden voor het graafwerk. Het weghalen van het graafwerk betekende dat ze de rest van het project voor iets minder dan niets deden.

Auw.

Quota's zijn een tweesnijdend zwaard

Ik kwam onlangs een infrastructuurorganisatie tegen die het verplicht heeft gesteld dat alle aanbestedingsevaluatiepanels voor 50% uit vrouwen moeten bestaan.

Goed concept. Diversiteit levert over het algemeen betere resultaten op.

Maar de organisatie wordt sterk gedomineerd door mannen, dus slechts 20% van de kandidatenpool is vrouwelijk. Het effect is dat de vrouwen meer dan twee keer zo vaak in deze panels moeten zitten als hun mannelijke collega's.

Krijgen ze daar pluspunten voor bij de bonustijd? Of is het gewoon een administratieve last die het voor vrouwen moeilijker maakt om vooruit te komen in een toch al door mannen gedomineerde organisatie?

Ik weet het antwoord niet. Maar ik vermoed dat het aanbestedingsbeleid werd aangenomen zonder dat iemand de vraag stelde.

DEEL 4

VOORDEEL VAN DE EERSTE ZET

*A*ls het gaat om werving voor functies bij een megaproject, heeft de opdrachtgever in de publieke sector één groot voordeel ten opzichte van de aannemer in de private sector.

Nee, ik bedoel niet dat hun kandidaten een grotere kans hebben om op de Erelijst te komen, ook al is dat waar.

En het is zeker niet het vermogen om meer te betalen. De publieke sector doet het nu beter dan in het verleden, maar het is nog steeds grotendeels waar dat op professioneel niveau de private sector beter betaalt.

Wat de publieke sector wel biedt, is zekerheid. De private sector moet inschrijven op de aanbesteding. Een bieder heeft geen garantie dat hij de shortlist haalt. Als ze de shortlist wel halen en de nodige maanden en miljoenen investeren om een eersteklas offerte samen te stellen, is er nog steeds geen zekerheid dat de offerte succesvol zal zijn. Het kan een lange en ontmoedigende weg zijn als je met lege handen vertrekt.

De opdrachtgever weet ook niet wie de succesvolle bieder zal zijn, maar ze weten wel dat er één zal zijn. Welke bieder het ook wordt, de opdrachtgever zal nog steeds hetzelfde team nodig hebben, en hoe beter het team, hoe beter het waarschijnlijke resultaat.

De opdrachtgever zal ook de omvang en timing van het contract kennen voordat de bieders dat doen. Het is een uitstekende gelegenheid om naar buiten te treden en te beginnen met werven voordat iemand anders op zoek is naar talent. Er zijn genoeg geweldige mensen die de voorkeur geven aan de zekerheid van overheidswerk boven het adviseren van bieders uit de private sector die hen misschien helemaal niet betalen als de aanbesteding niet succesvol is.

Te vaak verspilt de publieke sector deze kans. Je krijgt alleen het voordeel van de eerste zet als je ook daadwerkelijk als eerste beweegt.

FRANK EN ONBEVREESD. NIET.

Het *Jasper Inquiry* door de New South Wales Independent Commission Against Corruption in 2013 onderzocht aanbestedingen voor waardevolle kolenexploratievergunningen. Het bleek dat de betreffende minister een verlenging had gevraagd van de periode voor het indienen van *expressions of interest* om extra biedingen mogelijk te maken, hoewel de periode al was verstreken.

Er was een integriteitscontroleur aanwezig, een 'ervaren ambtenaar". Hij stelde een aanbeveling op tegen de verlenging, maar trok het bezwaar in toen hij werd geïnformeerd dat de minister al had besloten over deze kwestie.

De hele zaak explodeerde later in ieders gezicht en het *Jasper Inquiry* concludeerde dat de minister het besluit op corrupte wijze had genomen om een derde partij te bevoordelen. Het

rapport werd aangevochten en het werd allemaal erg ingewikkeld.

Het is niet altijd gemakkelijk om bezwaar te maken tegen een
ministerieel besluit. Dat betekent niet dat je het niet zou moeten
doen.

VERSTORING VAN DE INVESTERINGSBESLISSING

Overheidssubsidies zijn een veelgebruikte vorm van stimulering.
Wat ze mensen stimuleren te doen, is andermans geld uitgeven.

Hopelijk aan iets nuttigs.

Wanneer de federale overheid subsidies aanbiedt aan deel-
staatregeringen voor infrastructuur, maakt dit projecten mogelijk die anders niet betaalbaar zouden zijn. Het Roads to
Recovery-programma financiert bijvoorbeeld momenteel
wegprojecten in lokale gemeenten in heel Australië.

Als het gaat om megaprojecten, kan de omvang van de subsidies een aanzienlijke invloed hebben op de investeringsbeslissing.
Adelaide bouwde in 2010 een ontziltingsinstallatie, deels gefinancierd door een subsidie van de federale overheid. Het levert
nu ongeveer 5.000 megaliters per jaar, ruim onder de maximale
capaciteit van 100 gigaliter. De Productivity Commission
klaagde dat de beslissing om zo'n grote investering te doen in
aanbod ten opzichte van vraag was verstoord door de federale
subsidie van 328 miljoen dollar.

Wat verwachtten ze? Het hele punt van een subsidie is om de
investeringsbeslissing te verstoren.

En je weet nooit zeker of het op de manier verstoord zal
worden zoals je dat bedoelt.

Vroeg de deelstaatregering zich af: 'Zouden we 328 miljoen
dollar aan federaal geld moeten besteden om een grotere ontziltingsinstallatie te bouwen of is er een beter gebruik voor het
geld?' Of vroegen ze zich af: 'Zouden we 328 miljoen dollar aan

federaal geld moeten besteden om een grotere ontziltingsinstallatie te bouwen of dit geld naar New South Wales of Victoria zien gaan?'

Eh.

Zoals Paul Keating beroemd zei: 'Ga nooit tussen een premier en een pot geld staan.'

Een CEO in conflict

Het probleem met een belangenconflict is niet alleen dat een van de conflicterende belangen het zal afleggen tegen het andere. Het is dat, zonder specifieke interventie, de persoon met het conflict mag kiezen welke het wordt. (Professionele ethiek zou vaak terugtrekking uit beide suggereren, maar niet alle mensen met belangenconflicten zijn professioneel of ethisch.)

En het is maar al te gemakkelijk voor deze dingen om onopgemerkt voorbij te gaan – tot het moment waarop het project volledig mislukt, drie jaar te laat wordt opgeleverd en ver over het budget gaat, en de Commission of Inquiry lastige vragen begint te stellen.

Als alles goed was gegaan, had waarschijnlijk niemand opgemerkt dat de algemeen directeur van de projectmanager voor het Edinburgh Tram-project lid was van de Remuneratiecommissie die zijn eigen bonus bepaalde. Misschien vond hij dat de kwestie adequaat was behandeld door zijn besluit om de vergadering waarin de bonus werd bepaald niet bij te wonen. Helaas, zoals het rapport van de *Commission of Inquiry* opmerkte, werd dit ernstig ondermijnd door het feit dat hij degene was die voorstelde welk niveau van bonusmogelijkheden voor hem beschikbaar zou moeten zijn.

Van de voorzitter van de organisatie had men kunnen verwachten dat hij bezwaar zou maken tegen deze regeling, maar (tegen de Cadbury- en Greenbury-richtlijnen voor corporate governance in) waren de voorzitter en de algemeen directeur dezelfde persoon. Verrassing! De voorzitter had geen bezwaar tegen het feit dat de algemeen directeur zijn eigen bonus aanbeval.

Als alles goed was gegaan, had niemand het opgemerkt. Waar. Maar zonder goed governance zou het nooit goed gaan.

HOE LANG IS EEN TOUWTJE?

Een van de meest frustrerende taken van een megaprojectdirecteur is het vinden van goede antwoorden voor mensen die hun eigen vragen niet begrijpen.

Ik heb een levendige herinnering aan een ongelukkige spoorwegingenieur die probeerde te antwoorden aan een lid van een parlementaire commissie die net had gevraagd hoeveel tijdsreserve er in het schema zat voor een nieuwe spoorlijn.

Hoe leg je uit hoe zinloos deze vraag was? Voor een klein project houd je inderdaad tijdreserve in het schema. Het zou zes weken moeten duren, maar er zal iets misgaan, dus laten we er acht van maken. Twee weken reserve. Behoorlijk eenvoudig.

Maar voor een megaproject? Geen sprake van. De onderlinge afhankelijkheden zijn veel te complex om zoiets simpels toe te passen. Ja, er zal een beetje tijdspeling in de planning zitten. Maar het overgrote deel van je tijdspeling zit in het budget.

Als een taak die een week duurt een dag uitloopt, haal je niet een dag tijdspeling uit de planning. Als de taak op het kritieke pad ligt, haal je wat geld uit het budget en betaal je het team om een extra dienst te werken om de achterstand in te halen.

Hoeveel tijdspeling zat er dan in het budget? De ingenieur worstelde om de lengte-eigenschappen van dit stuk touw uit te leggen.

Sommige activiteiten, zoals het aanleggen van lange stukken spoor, zijn relatief eenvoudig te versnellen door middel van het inzetten van middelen op meerdere locaties. Andere, zoals het storten van betonfunderingen voor een brug, duren zo lang als ze duren en geen enkele geldinjectie zal daar veel verschil in maken. De mate waarin je het project kunt versnellen, hangt evenveel af van de creativiteit van de planners als van de beschikbare middelen. En het verandert elke dag, naarmate activiteiten die hadden kunnen worden versneld, worden voltooid.

De ingenieur slaagde er totaal niet in dit duidelijk te maken aan een sceptische parlementaire commissie, waarvan de leden (zonder een enkele STEM-kwalificatie onder hen) de hoorzitting verlieten in de overtuiging dat het project geen enkele hoop had om de vertraging van zes maanden door slecht weer in de beginfase in te halen.

Ik weet nog steeds niet hoeveel tijdspeling er in het budget van dat project zat. Maar de spoorlijn werd op tijd opgeleverd zonder kostenoverschrijding, dus het moet genoeg zijn geweest.

Het andere megaproject

De omvang van de bouw van megaprojecten kan verhullen dat de organisatorische verandering die nodig is om de nieuwe infrastructuur te benutten, op zichzelf ook een megaproject kan zijn. Ierland lijkt dit op de harde manier te ontdekken.

In Dublin wordt een enorm nieuw kinderziekenhuis gebouwd, dat de drie bestaande kinderziekenhuizen in de stad zal vervangen. Het wordt beschreven als het eerste 'openbare digitale ziekenhuis', dus het informatiebeheer moet een grote verbetering zijn ten opzichte van de huidige opzet.

In 2015 werden de geschatte kosten van het nieuwe ziekenhuis geraamd op €650 miljoen met een opleverdatum in 2020. Wat nu is veranderd in €2,24 miljard en 2025. Hoe groot deze cijfers ook zijn, ze zijn momenteel niet de grootste zorg.

In september 2024 kreeg de Ierse media een vertrouwelijk KPMG-rapport in handen dat in april daarvoor was opgesteld over de gereedheid voor de overgang. Of misschien accurater gezegd, het gebrek aan gereedheid voor de overgang.

Tegen het einde van 2025 zullen de drie oude ziekenhuizen moeten migreren naar het nieuwe. Dat is niet alleen een fysieke migratie, wat al uitdagend genoeg zou zijn, maar ook een migratie naar nieuwe gedigitaliseerde werkmethoden. Plus het is een fusie van drie aparte organisaties met *'duidelijke verschillen in cultuur en organisatorische volwassenheid".* Dat is behoorlijk mega.

Maar het had niet de middelen en focus gekregen die je zou verwachten bij een megaproject. Volgens RTE, de Ierse publieke omroep, onthult het KPMG-rapport *'hiaten in senior leiderschapsteams, een suboptimale klinische governance structuur, [en] een gebrek aan duidelijkheid rond het toekomstige bedrijfsmodel en de middelen van het nieuwe ziekenhuis."*

Geen van deze zaken voorspelt veel goeds voor een succesvolle overgang naar de operationele fase.

Er is misschien nog tijd om een volledig, toegewijd projectmanagementteam in te zetten en te voorkomen dat de overgang een complete puinhoop wordt. Maar de klok tikt.

De waarde van een onafhankelijke controle

In 1876 werd het ingenieursbureau van Sir Francis Fox gevraagd om materieel te leveren aan een bedrijf in Chili met een zilvermijn. Het was een hele onderneming.

Sir Francis vertelde het verhaal in zijn boek, *Sixty-Three Years of Engineering*, gepubliceerd in 1924: "De mijn lag hoog in de Andes, zodat elk onderdeel door muildieren naar boven moest worden gebracht. Bijgevolg moesten de motoren, ketels en elk ondergeschikt onderdeel zo worden ontworpen dat geen enkel stuk meer dan 150kg woog. De schacht stond 10 graden van de verticaal af, en de liftkooi moest op hellende rails lopen. Er waren lierinstallaties voor de schacht, sleepinstallaties voor de ondergrondse vlaktes, pompinstallaties, ketels, geleiders, katrollen, touwen, wagens, en ook de noodzakelijke gebouwen – alles moest perfect compleet zijn tot aan de laatste schroef. We hadden alles in elkaar gezet bij Messrs. Appleby's fabriek in Leicester; geprobeerd met stoom en getest, vervolgens zorgvuldig verpakt, verscheept, betaald en ons werk was gedaan."

Er werd verder niets meer vernomen van de klant. Ongeveer drie jaar later hoorde Fox toevallig dat deze volledig niet in staat was geweest om de apparatuur te gebruiken.

De oorspronkelijke bestelling en specificatie waren in het Spaans aangekomen. Fox had geweigerd een vertaling te proberen en de klant gevraagd er een te leveren. Helaas had de vertaler een fout gemaakt en per ongeluk de afmetingen verdubbeld. Niemand had zijn werk gecontroleerd.

De hele installatie, zo zorgvuldig ontworpen en getest, was nutteloos.

Ik vraag me af of het was voordat of nadat ze de stukken naar de mijn hadden vervoerd dat de klant dit besefte.

Vooruitschuiven

U bent verwikkeld in een groot contractueel geschil. De onderhandelingsperiode staat op het punt te verlopen, waardoor u gedwongen wordt tot arbitrage door een derde partij. Moet u de klok stilzetten?

U kunt dat natuurlijk niet eenzijdig doen, maar de partijen zullen vaak overeenkomen om de onderhandelingsperiode te verlengen, wat betekent dat geen van beide partijen arbitrage door een derde kan afdwingen tot een latere datum.

Dat is niet altijd een goed idee.

De tijdslimiet in geschillenbeslechtingsclausules staat er niet voor niets. Hoe langer een probleem onopgelost blijft, hoe moeilijker het is om een goede uitkomst te vinden. Standpunten raken vastgeroest, feiten worden moeilijker vast te stellen, kosten lopen op, en het projectschema kan bezwijken onder het gewicht van de onzekerheid.

Oké, megaprojecten zijn complex, en ze kunnen aanleiding geven tot complexe geschillen. U moet niet alleen overeenstemming bereiken, u moet het ook zorgvuldig documenteren om misverstanden en onbedoelde gevolgen te voorkomen. Om dat goed te doen, hebt u misschien meer tijd nodig dan wat in het contract is toegestaan.

In dat geval is het verlengen van de gespecificeerde onderhandelingsperiode redelijk. Het heeft geen zin om naar de rechter te stappen als het inhoudelijke geschil al is opgelost.

Maar wat als u geen vooruitgang hebt geboekt bij het oplossen van het geschil? Hebt u werkelijk reden om te denken dat de situatie over een maand beter zal zijn?

Als je het probleem alleen maar vooruit schuift, doe dat dan niet.

Moet je het echt weten?

Aanbestedingsdocumenten voor een megaproject zijn meestal enorm. Inschrijvers besteden letterlijk miljoenen aan het samenstellen ervan.

Voegt al deze informatie waarde toe?

Misschien niet.

Wanneer je inschrijvers vraagt om informatie te verstrekken, is er één simpele regel: als je niet weet wat je ermee gaat doen, vraag er dan niet om.

Bij een project in de publieke sector had het team ongeveer 100 retourschema's opgesteld met informatie die ze van de inschrijvers wilden ontvangen.

Dit leek buitensporig, dus werd hen gevraagd om voor elk schema één A4'tje aan te leveren waarin werd uitgelegd wat het schema inhield, wat de voordelen waren van het hebben van deze informatie en hoe het schema in het contract zou worden opgenomen.

Na deze ene interventie was het aantal retourschema's binnen een week met 30 procent gedaald.

Het is altijd verleidelijk om meer informatie te vragen. Niet noodzakelijkerwijs nuttig om te hebben.

ALTERNATIEVE GEBRUIKSMOGELIJKHEDEN VOOR VLIEGVELDEN

Luchthavenprojecten leiden tot verrassende mogelijkheden voor vindingrijkheid.

Helaas komt dit doordat twee van de drie luchthavens met verlies draaien. Mijn aandacht werd hierop gevestigd door Paul Hooper's hoofdstuk in het boek *White Elephant Stampede*, dat case studies bevat van enkele van de meest flagrante vrij duur spelletjes die door overheden door de jaren heen zijn opgezet.

Ik was geïntrigeerd door de alternatieve bestemmingen die voor overtollige luchthavens zijn gevonden. (Heeft iemand anders ook die natuurkundeles op de middelbare school doorstaan waarbij de leraar probeert creativiteit te stimuleren door je tien alternatieve toepassingen voor een baksteen te laten bedenken? Nummer één op ieders lijst was het gebruiken ervan om leraren mee te slaan die domme opdrachten geven. Maar ik dwaal af. Luchthavens.)

De luchthaven Mirabel in Montreal werd geopend in 1975. Het was een flop in zijn beoogde rol als internationale passagiersluchthaven, hoewel het nu vrij goed gaat met vracht. Alternatieve gebruiksmogelijkheden die in de tussentijd zijn geprobeerd, waren onder andere:

- Racebaan (leuke poging, duurde niet lang)
- Filmlocatie (iets beter, onder andere te zien in *The Jackal*, Sidney Poitier's laatste film)
- Productielocatie voor Airbus Canada (succesvol, nog steeds in gebruik).

Sri Lanka's Mattala Rajapaksa International Airport (gebouwd met Chinees geld in de buurt van de woonplaats van de president, genoeg gezegd) kwam met meer exotische alternatieve toepassingen:

- Terminal – rijstopslag
- Startbaan – Toeristische attractie, bekijk de wilde olifanten (niet opzettelijk, 300 soldaten en politieagenten ingezet om de olifanten te verjagen)
- Toegangsweg – Droogplaats voor peperoogst

Helaas bleek St. Helena (het eiland in de Zuid-Atlantische Oceaan waar Napoleon gevangen zat) volledig te ontbreken aan dergelijke vindingrijkheid. Zonder zelfs maar een B-film op zijn naam werd de luchthaven in 2016 overgenomen door de overheid en door de Britse pers bestempeld als "de meeste nutteloze luchthaven ter wereld."

Western Sydney International Airport moet in 2026 worden geopend. Laten we hopen dat het geen alternatieve bestemmingen hoeft te bedenken.

HET MOET ECHT EEN RAMP ZIJN ALS NIEMAND ER BIJ BAAT HEEFT...

Ik blijf de Britse Nuclear Decommissioning Authority dankbaar voor het compleet verknoeien van de aanbesteding in 2014 van het Magnox-ontmantelingscontract ter waarde van £6,2 miljard.

Ik was op dat moment bezig met het schrijven van mijn eerste boek, *Procuring Successful Mega-Projects: How to Establish Major Government Contracts Without Ending up in Court*. De NDA was zo vriendelijk om in dezelfde week waarin ik het boekvoorstel naar de uitgever stuurde, aangeklaagd te worden door de verliezende inschrijver, waarmee de extreme actualiteit van het onderwerp werd aangetoond. Mijn voorstel werd onmiddellijk geaccepteerd.

De Britse regering was waarschijnlijk minder dankbaar.

Het latere Inquiry concludeerde: *"In veel opzichten was Magnox een goed uitgevoerde aanbesteding en leek het de kritieke componenten voor een succesvolle uitvoering te hebben. Deze omvatten een beproefd en vertrouwd aanbestedingsmodel (concurrentiegerichte dialoog) dat door de markt werd begrepen; een meerlaagse governance structuur met passende vertegenwoordiging van belanghebbenden; marktbetrokkenheid; passend beleid, risico-identificatie en regelmatige rapportage; een ogenschijnlijk goed toegerust team; de inzet van externe adviseurs en onafhankelijke interne en externe assurance."*

Al deze goede zaken leidden tot een misplaatst vertrouwen in het evaluatieproces. De NDA had de invoering van een zeer onhandelbare evaluatiemethodiek toegestaan. Ik zeg "de invoering toegestaan" in plaats van "ingevoerd", omdat het systeem organisch lijkt te zijn gegroeid in plaats van doelbewust te zijn ontworpen. Het had meer dan 2.800 eisen die individueel moesten worden beoordeeld, waaronder meer dan 300 verplichte criteria.

De rechtbank constateerde verschillende problemen met de evaluatie, waaronder dat de winnende inschrijver had moeten worden geëlimineerd omdat deze niet voldeed aan twee verplichte criteria: de evaluatie was door de NDA gemanipuleerd.

Slechts twee fouten maken van de meer dan 300 klinkt misschien als een fantastisch resultaat. Helaas kan een inschrijver niet een beetje geëlimineerd zijn.

De NDA eindigde met het betalen van bijna £100 miljoen aan schadevergoeding aan verliezende inschrijvers.

WIN-WIN? OF LOSE-LOSE?

Het lijkt erop dat sommige aannemers creatiever kunnen zijn in het oplichten van onderaannemers dan in het uitvoeren van het contract.

Ik stuitte onlangs op een interessant voorbeeld. De aannemer heeft een niet ongebruikelijke regeling waarbij ze een betaling van de opdrachtgever ontvangen als er een toename is in de materiaalvolumes.

Wat minder gebruikelijk is (althans, dat hoop ik!) is dat ze ook subcontracten hebben die hen in staat stellen betalingen van hun onderaannemers te eisen als... er een toename is in de materiaalvolumes.

Ja, dat klopt. Als de hoeveelheden toenemen, kunnen ze zowel bij de opdrachtgever ALS bij de onderaannemers een claim indienen.

Dit moedigt de aannemer niet bepaald aan om besparingen in materiaalvolumes te realiseren.

Ik betwijfel of dat de bedoeling van de opdrachtgever was.

HOE KORT IS EEN SHORTLIST?

Er is veel speelruimte, maar geloof niemand die je vertelt dat "integriteit" vereist dat je ten minste drie volledig geprijsde offertes moet hebben.

In het algemeen is het waar dat meer aanbiedingen het voor een corrupte ambtenaar moeilijker maken om een contract aan een vriend toe te kennen en dat de kans op echte prijsconcurrentie groter wordt. Het is echter niet waar dat een proces met minder dan drie bieders per definitie ongeldig of corrupt is.

Voor een megaproject moeten bieders miljoenen investeren in het tenderproces om een volledig geprijsde offerte op te stellen. Ze zullen deze investering niet doen tenzij er een redelijke kans is om het contract te winnen. Wanneer u een shortlist maakt van uit te nodigen bieders, is drie eerder een maximum dan een minimum, en mogelijk creëert u fellere concurrentie met slechts twee biedingen.

Helaas stelt de publieke sector moeilijke beslissingen vaak uit, en het elimineren van een competente bieder zal altijd een moeilijke beslissing zijn. Maar laten we eerlijk zijn, het elimineren van alle bieders op één na is het hele doel van het aanbestedingsproces. Een lange shortlist stelt het probleem alleen maar uit.

Het verhoogt ook de kosten voor de industrie (en de opdrachtgever, maar die verdient het tenminste omdat ze zichzelf hebben opgezadeld met een lange shortlist om te evalueren) en vergroot het risico op bezwaren, omdat u eindigt met een langer proces en meer bieders die meer kosten in de offertes hebben gestoken.

Het zit eigenlijk allemaal in de naam. Het heet een shortlist omdat het een korte lijst hoort te zijn.

DE AAP TRAINEN

Waar moet je beginnen bij het plannen van infrastructuur-projecten?

Annie Duke, auteur van het uitstekende boek, *Quit: The Power of Knowing When to Walk Away*, meldt dat X – dat is Google's moonshot-bedrijf, niet het omgedoopte Twitter – een manier heeft om te bepalen waar ze geld aan moeten besteden voor ontwikkeling.

Het is een beetje vreemd, zoals je zou verwachten van Silicon Valley. Het idee is dat als je een aap zou kunnen leren jongleren met brandende fakkels, en hem bovenop een voetstuk in een openbaar park zou plaatsen, mensen een hoop geld zouden betalen om hem te komen bekijken. Er zijn maar twee dingen die je moet doen. De aap trainen en het voetstuk bouwen.

De bijna overweldigende verleiding is om vast te zitten in het bouwen van het voetstuk, want hé, we weten hoe we dat moeten doen, we kunnen de kosten vrij nauwkeurig inschatten en we kunnen ermee beginnen vóór de verkiezingen. En ja, je zult eindigen met een heel mooi voetstuk. Maar niemand gaat geld betalen om dat te komen bekijken.

De X-benadering is daarom dat je het voetstuk zou moeten

negeren en moet beginnen met het trainen van de aap. Als je succesvol bent, is het toevoegen van een voetstuk geen probleem. Als je niet succesvol bent, heb je geen voetstuk nodig.

Vanuit het oogpunt van een megaproject, wanneer u uw infrastructuuraanbesteding structureert, is de plaats om te beginnen met plannen niet wat u de vorige keer deed waar u zich prettig bij voelde, zelfs niet als het werkte. Alleen omdat u weet hoe u het moet doen, betekent niet dat het deze keer de beste aanpak is.

De beste plek om te beginnen is bij het grootste risico, want bij een megaproject is het grootste risico vaak enorm. Hoe kun je de zaken zo structureren dat dat risico zoveel mogelijk wordt verminderd? Niet alleen het risico afschuiven op de aannemer, maar het risico daadwerkelijk verminderen? Dat zal de meeste waarde toevoegen.

De aard van het risico zal variëren. Misschien is het het verkrijgen van vergunningen. Misschien is het een specifieke technische uitdaging. Misschien is het de moeilijkheid om geschoolde arbeidskrachten te vinden. Als het een lightrailproject is, zijn het waarschijnlijk de nutsvoorzieningen die verplaatst moeten worden. Wat het ook is. Dat onderdeel goed krijgen transformeert het hele project.

Het is onwaarschijnlijk dat uw situatie zo extreem zal zijn als het hogesnelheidsproject in Californië, dat op volle kracht vooruit ging zonder eerst de technische uitdaging op te lossen die werd gesteld door de Tehachapi Mountains aan de kant van Los Angeles en de Pacheco Pass aan de kant van San Francisco. Vijfendertig miljard dollar later is het project nog steeds in uitvoering, waarbij een spoorweg wordt gebouwd van ergens waar niemand van heeft gehoord naar ergens anders waar niemand van heeft gehoord, maar de kans is overweldigend dat het nooit Los Angeles of San Francisco zal bereiken.

Maar u kunt nog steeds veel waarde toevoegen door eerst de grootste risico's aan te pakken.

Of, zoals X het zou zeggen, begin met het trainen van de aap.

DE COLOMBIERA-BRUG

Legendarische domheid is soms precies dat - een legende.

Een voorbeeld hiervan is het verhaal van Intermarine, het Italiaanse scheepsbouwbedrijf dat vier grote schepen bouwde, zoals verteld door Stephen Pile in *The Return of Heroic Failures*: "Pas toen de enorme schepen voltooid waren, herinnerden de bouwers zich dat hun scheepswerven verbonden waren met de zee door de Magra-rivier, waarover de aantrekkelijk kleine Colombiera-brug lag. Geen van hun nieuwe schepen kon er onderdoor. Intermarine bood aan de brug af te breken en opnieuw op te bouwen, maar de lokale raad weigerde en de mensen van Ameglia verzamelden zich om hun nieuwe marine te bewonderen."

Ik vond het moeilijk te geloven dat een scheepsbouwer zo dom zou zijn geweest (er is natuurlijk veel domheid, maar toch...). Dus ik heb wat onderzoek gedaan. Google vond AskMetaFilter voor mij, waar de vraag was gesteld en beantwoord.

En inderdaad, het lijkt erop dat de bouwers heel goed wisten dat de brug een probleem was. Toen de scheepswerven in 1970 voor het eerst werden opgericht, had de lokale burgemeester beloofd later aanpassing van de brug toe te staan. In 1976, bij het aanbesteden voor de bouw van vier glasvezel mijnenjagers voor de Italiaanse marine, diende Intermarine een verzoek in bij ANAS, de Italiaanse wegbeheerder, om tegelijkertijd de brug aan te passen. Het verzoek werd goedgekeurd, dus alles had in orde moeten zijn.

Helaas werd er geen lokale raadpleging uitgevoerd, en het protest verhinderde aanpassing van de brug. Intermarine keek vervolgens naar allerlei opties om de schepen langs de brug te krijgen, waaronder de mogelijkheid om een nieuw kanaal te graven, maar niets leek haalbaar.

Uiteindelijk, met afgewerkte en bijna afgewerkte schepen die werkloos in de scheepswerf lagen, stemde de gemeenteraad van Ameglia in januari 1983 voor goedkeuring van de aanpassingen, en de nieuwe Italiaanse regering gaf aan het einde van het jaar eindelijk goedkeuring, met een reeks voorwaarden om de impact op de lokale gemeenschap te minimaliseren. De aanpassingen werden in mei 1984 voltooid.

De datum lijkt niet zozeer te zijn gedreven door de noodzaak om de schepen te leveren, maar eerder door het feit dat de Colombiera-brug net op tijd klaar moest zijn om een plek te krijgen op de route van de Giro d'Italia van 1984, maar misschien ben ik gewoon cynisch.

Viva l'Italia.

EEN PLANNINGSPROBLEEM IN DE PUBLIEKE SECTOR

Hoe krijg je bevoegdheid om een contract toe te kennen?

In een bedrijf in de private sector komt bevoegdheid aan de raad van bestuur toe. Een besluit van de raad is normaal gesproken alles wat nodig is om zelfs het grootste contract te machtigen. Er kan in zeer bijzondere omstandigheden goedkeuring van aandeelhouders nodig zijn, maar voor alle praktische doeleinden is de raad als een god.

De publieke sector biedt een grotere verscheidenheid aan goden. Overheidsinstanties kunnen unieke bevoegdheden en structuren hebben, aangezien ze kunnen worden opgericht door specifieke wetgeving in plaats van onder de reguliere wetgeving voor bedrijven.

Leidinggevenden die uit de private sector worden aangetrokken, zijn vaak verbijsterd wanneer ze hiermee te maken krijgen. Ze zitten in vergaderingen te mompelen – soms zelfs schreeuwen ze – 'Doe het gewoon!!!'. De geheimzinnige ingewikkeldheden van het identificeren van autoriteitsbronnen in de publieke sector kunnen bizar lijken.

Soms is het inderdaad bizar, maar het is belangrijk omdat je het in de projectplanning moet opnemen.

Het contract van 3 miljard dollar voor de M7 Clem Jones Tunnel werd in 2006 gegund door de gemeenteraad van Brisbane. De gemeenteraad van Brisbane was de grootste lokale overheidsinstantie in Australië, met 26 wijken, 27 raadsleden en – dit was het lastige punt – geen wettelijke mogelijkheid om de gunningsbeslissing te delegeren.

Het verkrijgen van de bevoegdheid om het contract toe te kennen zou nooit bereikt worden door simpelweg op te dagen bij een raadsvergadering. Zelfs voor de grootste gemeente van Australië was een contract van 3 miljard dollar geen routine-beslissing, en het debat zou niet worden verbeterd door geschreeuw vanuit de publieke tribune.

De uiteindelijke beraadslagingen duurden ongeveer drie dagen, en om de vertrouwelijkheid te waarborgen die bij een dergelijke beslissing past, stemden de raadsleden ermee in om gedurende die tijd afgezonderd te blijven in een hotel in het zakencentrum van Brisbane.

Niet iets wat je zonder vooraankondiging wilt organiseren. Planners, let op.

DE ROMANTIEK VAN PROJECTFINANCIERING

Ik heb onlangs met plezier de roman *Ruined City* van Nevil Shute herlezen, waarin de onvermijdelijke romantiek opbloeit in een fascinerende botsing tussen persoonlijke en professionele integriteit.

Henry Warren, de held van het boek, is een investeringsbankier in de City of London tijdens de Depressie. Hij heeft een welverdiende reputatie voor eerlijkheid en integriteit in zijn zakelijke transacties.

Het toeval brengt hem in een ziekenhuis in het fictieve Sharples, een ooit trotse Noord-Engelse stad waar het hart uit is gerukt door het faillissement van de scheepswerf die ooit de grootste lokale werkgever was. Hij hoort het verhaal van de stad van een maatschappelijke assistente in dienst bij het lokale ziekenhuis, een jonge vrouw. Om de stad te redden koopt hij de oude scheepswerf, en bedenkt vervolgens een schimmige deal op de Balkan, waarbij hij een speciaal bestelde groene zijden paraplu met een met juwelen bezette handgreep gebruikt om een lokale ambtenaar om te kopen, die een bestelling plaatst voor schepen bij de scheepswerf van Sharples.

Om het te financieren richt Warren een bedrijf op en geeft preferente aandelen uit, waarvan hij zelf 25% neemt en de rest plaatst bij beleggers met een winstprognose waarvan hij weet dat die schromelijk overdreven is, en met garanties van een Balkaanse regering die op geen enkele manier zeker zijn. Alleen de kracht van zijn persoonlijke reputatie geeft de doorslag: 'Als het iemand anders dan Warren was,' zegt een van de investeerders, 'zou ik er niets mee te maken willen hebben.'

De scheepswerf wordt nieuw leven ingeblazen en Sharples herleeft. De investeerders hebben minder geluk; ze verliezen al hun geld wanneer de Balkaanse regering valt. Warren pleit zonder aarzeling maar ook zonder spijt schuldig aan het uitgeven van een vals prospectus en gaat voor drie jaar de gevangenis in. Na het uitzitten van zijn straf keert hij terug naar het nu welvarende Sharples, onder luid gejuich van de werknemers. En trouwt natuurlijk met de maatschappelijke assistente.

Jammer voor de investeerders.

RISICOBEPERKING KAN FATAAL ZIJN

Acties die worden ondernomen om één risico te beperken, kunnen een groter probleem veroorzaken dan het risico dat ze probeerden te beheersen. Ik noem het 'iatrogeen risico'.

'Iatrogeen' is een bijvoeglijk naamwoord dat in de genees-
kunde wordt gebruikt voor ziekten of verwondingen veroorzaakt door medisch onderzoek of behandeling. Voor zover ik
weet, bestaat er geen woord voor het equivalent in dagelijks risicomanagement, dus leen ik de medische term.

Er is een triest voorbeeld van iatrogeen risico uit de Eerste
Wereldoorlog.

De Britse marine had kurken reddingsvesten ingevoerd om
het aantal verdrinkingsdoden te verminderen. De reddingsvesten, die een stijve kurken kraag hadden om het hoofd boven
water te houden, werkten uitstekend voor een zeeman die van
het dek van een gewoon jacht werd gespoeld.

Niemand had bedacht, tot de dag dat het gebeurde, dat het
verlaten van een fregat dat zonk onder vijandelijk vuur zou
kunnen betekenen dat men in zee moest springen vanaf een dek
dat wel 30 meter boven het water kon liggen. De kraag die
ontworpen was om de nek te ondersteunen, brak deze in plaats
daarvan bij de impact, waardoor de zeelieden onmiddellijk
stierven.

De verborgen kosten van fouten maken

Een goede reden om de aanbesteding van grote contracten goed
te doen, zijn de kosten en het leed veroorzaakt door de wildgroei
aan openbare *inquiries* als je het verkeerd doet.

De InterCity West Coast spoorwegconcessie van £5,5 miljard
in 2013 was een uitstekend voorbeeld.

Zodra de aankondiging van de voorkeurskandidaat was
gedaan, spande Virgin, de zittende concessiehouder en een
verliezende bieder, een rechtszaak aan voor een rechterlijke toetsing. Het ministerie van Transport nam één blik op het bewijsmateriaal en annuleerde prompt de aanbesteding.

Sam Laidlaw, het leidinggevende niet-uitvoerende bestuurs-
lid, voerde een *inquiry* uit namens het Ministerie van Transport.

Hij keek naar wat er was gebeurd, met bijzondere aandacht voor technische gebreken in het proces; rollen en verantwoordelijkheden; en regelingen voor beoordeling en kwaliteitsborging.

Er was ook een HR *inquiry*, dat niet is gepubliceerd. Drie mensen werden geschorst terwijl het *inquiry* werd uitgevoerd, waarvan één de schorsing aanvocht bij het Hooggerechtshof. Meer gedoe.

De Nationale Rekenkamer deed zijn eigen onderzoek. Het schatte dat het ministerie van Transport £1,9 miljoen had uitgegeven of zou uitgeven aan het werken aan de geannuleerde aanbesteding en £2,7 miljoen aan professionele vergoedingen met betrekking tot de rechterlijke toetsing.

Richard Brown, de voorzitter van Eurostar, werd gevraagd om te rapporteren over de implicaties voor de rest van het spoorwegconcessieprogramma.

Ook de Commissie Transport mengde zich in het gevecht en eiste nog meer onderzoeken.

Het Ministerie gaf uiteindelijk £4,3 miljoen uit aan de verschillende openbare *inquiries* in verband met het debacle, naast de £1,9 miljoen voor het geannuleerde aanbestedingsproces en £2,7 miljoen voor de juridische toetsing. Om nog maar te zwijgen van het lijden van managers die in het ene *inquiry* na het andere werden ondervraagd.

Het zou goedkoper en eenvoudiger zijn geweest om het aanbestedingsproces meteen goed te doen, vindt u ook niet?

Uitvinden waar de lijken begraven liggen

Het aanbieden van een "bel voordat je graaft"-dienst is - of zou moeten zijn - een van de belangrijkste functies van de General Counsel.

Laten we eerlijk zijn, wanneer er grote problemen ontstaan, is de General Counsel meestal het eerste aanspreekpunt. Zij weten welke afdelingen problemen hebben met hun aannemers, welke werknemers waarvoor zijn onderzocht, wie agressieve e-mails schrijft zonder rekening te houden met beleefdheid en gezond verstand, wie bij het eerste teken van een probleem dekking zoekt, en wie de brokken opruimt.

Projectmanagers zijn vaak terughoudend om advocaten te bellen, maar de expertise van de interne variant is een waardevolle hulpbron wanneer je risico loopt door verborgen lijken in de organisatie. Bel ze voordat je nieuw terrein betreedt.

Ze kunnen je misschien niet alles vertellen wat ze weten, omdat veel van wat ze doen vertrouwelijk is, maar hun aanbevelingen zijn meestal het luisteren waard.

TIEN WERKDAGEN

Eén klein clausule in het contract, veel grote (en meestal goede) gevolgen.

Toen Sydney in 2006 via een publiek-private samenwerking 78 Waratah-treinen kocht, was een van de belangrijkste bepalingen in het contract een beperking op de levering.

Wanneer een trein Praktische Voltooiing bereikte, zou het vervolgens tien werkdagen duren voordat de volgende trein Praktische Voltooiing mocht bereiken. (De periode voor de eerste zes treinen was 15 werkdagen voor het geval er kinderziektes zich zouden voordoen.) Dat gaf een leveringsperiode van ongeveer drie jaar.

Deze eenvoudige bepaling had enorme gevolgen.

- Het vereenvoudigde de planning voor de introductie van de treinen, waardoor het risico dat machinistenopleiding en netwerkprojecten uit de pas zouden lopen met de treinlevering werd verminderd.
- Deze maatregel forceerde een buffer in het schema. Treinproducenten werken in verschillende tempo's,

veel sneller nu dan 20 jaar geleden, maar het was destijds zeker haalbaar om in het tempo van één rijtuig per werkdag te produceren. De beperking creëerde bijna acht maanden buffer, zelfs zonder rekening te houden met de mogelijkheid van werken in weekenden en tijdens feestdagen.

- Het voorkwam buitensporig risicogedrag door de inschrijvers. Ze zouden onvermijdelijk verleid worden om het snelst mogelijke productietempo aan te bieden om kosten te verlagen en het contract veilig te stellen. Als de levering in de problemen zou komen, zouden ze met enorme financieringskosten blijven zitten zonder de mogelijkheid om van vertraging te herstellen, waardoor ze mogelijk failliet zouden gaan terwijl de treinen nog geproduceerd werden, een nachtmerriescenario voor de opdrachtgever.
- Het vereenvoudigde de beoordeling van offertes. Aangezien het snelste toegestane leveringstempo duidelijk haalbaar was, namen alle inschrijvers het over, zodat er geen behoefte was aan ingewikkelde vergelijkende risicobeoordelingen voor verschillende leveringstempo's.
- Het voorkwam dat de aannemer meerdere treinen tegelijk zou leveren, waardoor de opdrachtgever niet voor de keuze kwam te staan tussen het bezuinigen op eindcontroles en het toestaan dat de aannemer wegkomt met kleine, onopgeloste defecten, of het vertragen van de acceptatie van de treinen en het betalen van vertragingsvergoedingen aan de aannemer.
- Het zorgde NIET voor de laagst mogelijke prijs: snellere leveringstempo's zouden de kosten voor de aannemer hebben verlaagd en daarmee de nominale prijs hebben verminderd.

Maar een van de meest significante gevolgen was misschien wel het minst voor de hand liggende. De in het schema geforceerde buffer behoorde aan de opdrachtgever.

Als de aannemer te laat was en snellere leveringen wilde om het schema in te halen, was het aan de opdrachtgever om te beslissen of hij dat zou toestaan. Als alles soepel verliep en de aannemer de winst wilde verbeteren door levering en bijbehorende betaaldata naar voren te halen, was het aan de opdrachtgever om te beslissen of hij dat zou toestaan. Gedurende de hele leveringsperiode had de opdrachtgever een waardevolle troef in handen in zijn onderhandelingen met de aannemer.

En als je probeert waar voor je geld te krijgen bij een megaproject is dat geen slechte zaak.

ALS JE IETS ZIET, ZEG ER IETS VAN

Dat geldt niet alleen voor bommen in het openbaar vervoer. Als je bijvoorbeeld merkt dat mensen op het punt staan honderden miljoenen uit te geven op basis van onjuiste aannames, wil je dat misschien wel aangeven.

Het is natuurlijk niet altijd zo gemakkelijk. Het Edinburgh Tram Inquiry, bijeengeroepen nadat een zogenaamd vaste prijs bouwcontract een enorme kostenoverschrijding had publiceerde zijn rapport in 2023. Het *Inquiry* stelde vast dat er inderdaad een poging was gedaan om de City of Edinburgh Council (CEC), die het project financierde, te waarschuwen.

De vertegenwoordiger van de opdrachtnemer, een zekere heer Walker, was bezorgd of CEC volledig begreep dat de kosten voor hen zouden stijgen na ondertekening van het contract: de aannames waarop de prijs was gebaseerd, waren al bekend als onjuist en het was de opdrachtgever in plaats van de aannemer die het "risico" (d.w.z. de zekerheid) zou dragen dat de prijs hoger zou uitvallen. Hij vroeg de Executive Chairman van het projectmanagementbureau van de opdrachtgever, **tie**, om te bevestigen dat CEC zich bewust was van de prijsverhoging en kreeg te horen dat ze waren geïnformeerd.

De heer Walker stelde een vervolgbrief op om dit te bevestigen. Misschien voorzag hij dat, zoals inderdaad gebeurde, de Executive Chairman later zou ontkennen dat het gesprek ooit had plaatsgevonden. (De voorzitter van het Inquiry "gaf de voorkeur aan de getuigenis van de heer Walker".)

De conceptbrief zou iedereen aan het denken hebben gezet, aangezien deze erop wees dat "*de jammerlijk ontoereikende voortgang van de nutswerkzaamheden de prijs dramatisch zou beïnvloeden met een significant aantal tientallen miljoenen*". Helaas werd de brief nooit verzonden. De baas van de heer Walker vond dat het "de werkrelatie zou bederven".

Nou ja, iets zo rechtuit zou de relatie waarschijnlijk inderdaad hebben bedorven. Maar had dat echt de belangrijkste overweging moeten zijn?

DEEL 5

Onafhankelijk. Nou nee.

*O*nafhankelijke rapporten zijn een essentieel instrument voor goede governance. Helaas zeggen ze niet altijd wat je in gedachten had.

En de reactie daarop laat zien hoe werkelijk effectief je governance is.

Toen er zorgen werden geuit over het gunnen van twee contracten als onderdeel van het Londense Garden Bridge-project, vroeg TfL aan zijn interne auditteam om een audit uit te voeren. Het doel was volgens het daaropvolgende *inquiry* uit 2017 om 'zekerheid te bieden dat de aanbestedingen waren uitgevoerd in overeenstemming met aanbestedingsregels en goedgekeurde procedures, en open, eerlijk en transparant waren".

Dat waren ze niet: "Onze audit heeft een aantal gevallen geïdentificeerd waarbij de aanbesteding afweek van het beleid en de procedures van TfL en de OJEU-richtlijnen ... deze hadden samen een negatieve invloed op de openheid en objectiviteit van de aanbestedingen."

En: 'De aard van de bevindingen uit deze audit verhoogt volgens ons *het risico op juridische uitdagingen door de niet-succesvolle bieders voor beide contracten. Het is het informele contact tussen TfL en individuele bieders dat een negatieve invloed heeft gehad op de transparantie van elke aanbesteding."*

Wat was de reactie? Nou, het Inquiry ontdekte deze zinnen in conceptversies van het rapport. Ze kwamen niet voor in de definitieve versie.

De definitieve versie werd bewerkt om zich niet te richten op de vraag of het aanbestedingsproces correct was uitgevoerd, maar op de vraag of er waar voor het geld werd geleverd. Niet dat dat volledig behulpzaam was.

Het beste wat ze konden bedenken was: *"De audit heeft geen bewijs gevonden dat erop zou wijzen dat de uiteindelijke aanbevelingen geen waar voor hun geld boden van de winnende bieders."* Nou, gefeliciteerd.

De herziene versie was duidelijk minder gênant dan het origineel, maar helaas was geen staaltje van project governance.

De London Garden Bridge is nooit gebouwd. Toch wist het £43 miljoen uit de publieke kas te zuigen.

Het beoordelen van het bewijs

Wanneer je een prospectus schrijft, moet je bewijs hebben voor wat je zegt. De advocaten zullen een apart document voor de administratie maken waarin elke bewering in het prospectus wordt opgenomen en de bron van de informatie of claim wordt vermeld. Hoewel mensen bijzondere aandacht zullen besteden aan zaken als winstprognoses, geldt het controleproces voor absoluut alles.

Mijn eerste spoorwegbaan was het schrijven van het prospectus voor de beursgang van Railtrack, de voorganger van Network Rail. Ik kreeg de verzekering dat Railtrack meer dan 24.000 mijl aan spoor had geërfd van British Rail. Dat was het getal in alle brochures uit de tijd van British Rail, dus het moest wel waar zijn, nietwaar?

We besloten dat verouderde PR-brochures onvoldoende bewijs waren en zochten wat dieper, waarbij we het lijn voor lijn, regio voor regio uitwerkten. Elke keer dat een nieuwe tranche verificatie werd voltooid, daalde het aantal. En daalde verder.

De regel in het conceptprospectus veranderde van 'meer dan 24.000 mijl' in 'ongeveer 24.000 mijl'. Enige tijd later werd het 'meer dan 22.000 mijl'. Daarna 'ongeveer 20.000 mijl'. Het getal stabiliseerde uiteindelijk op iets meer dan 19.000 mijl, wat volgens ons nog steeds dicht genoeg bij was om een prospectusverklaring van 'ongeveer 20.000 mijl' te ondersteunen, en dat is wat we hebben gebruikt.

Maar het zette me wel aan het denken over de kostenprognoses voor spooronderhoud. Als je niet binnen 20% weet hoeveel spoor je hebt, hoe goed kunnen je onderhoudsvoorspellingen dan zijn?

Verplichte criteria

Verplicht betekent verplicht. Behalve wanneer dat niet zo is.

Het opstellen van beoordelingscriteria voordat je een beoordeling uitvoert, is een no-brainer, of zou dat moeten zijn. Het lastige komt wanneer de beoordeling aan de hand van de criteria een antwoord oplevert dat de politici niet bevalt.

Toen Schotland twee veerboten bestelde voor levering in 2018, werd een verplicht evaluatiecriterium opgenomen – de bieders moesten een terugbetalingsgarantie van de bouwer verstrekken.

Deze garantie is een kenmerk van het standaard nieuwbouwcontract van The Baltic and International Maritime Council, dat in de hele scheepsbouwindustrie wordt gebruikt. Het contract bepaalt dat het volledige risico voor het ontwerp en de bouw gedurende de hele constructie van de schepen bij de bouwer blijft. De koper doet betalingen in termijnen, maar de bouwer biedt een garantie van een geschikt geaccrediteerde bank dat de koper zijn geld terugkrijgt als het vaartuig niet wordt geleverd.

Al tijdens de aanbestedingsperiode waarschuwde Ferguson Marine, een bedrijf dat net uit de administratie was gekomen, waarschuwde CMAL, het aanbestedende agentschap, dat ze moeilijkheden ondervonden bij het vinden van een bank die de garantie zou verstrekken, maar zeiden dat ze het zouden proberen. Op basis hiervan werden ze benoemd tot voorkeurbieder.

Merk op dat ze de enige Schotse bieder waren, de laatste overlevende scheepsbouwer aan de benedenloop van de Clyde, en waarschijnlijk direct terug in de administratie zouden belanden als ze het contract niet zouden krijgen. Durf ik te suggereren dat deze factoren deze enigszins dubieuze beslissing hebben beïnvloed?

Helaas werd de beslissing al snel nog dubieuzer. Bijna zodra het was aangesteld, zei Ferguson Marine, sorry, lukt niet. Ze hadden geen enkele bank kunnen vinden die een garantie zou verstrekken. (Gezien de daaropvolgende projectgeschiedenis moet je de scherpzinnigheid van de banken bewonderen.)

In plaats van Ferguson Marine eruit te gooien, besloot CMAL dat de garantie toch niet verplicht was. Verbazingwekkend genoeg deed geen van de andere bieders moeite om hen aan te klagen.

Nog steeds een slechte beslissing. Het project ging van het ene naar het andere debacle. De regering nationaliseerde uit wanhoop de scheepswerf in 2019, wat de situatie niet merkbaar verbeterde. De eerste veerboot kwam uiteindelijk in januari 2025 in dienst. De andere is nog steeds in aanbouw. De uitgaven tot nu toe zijn meer dan vier keer het oorspronkelijke budget en zullen nog verder stijgen.

De titel van het Wikipedia-artikel over het project heet simpelweg 'Veerboot Debacle (Schotland)'.

Dat zegt eigenlijk alles.

CMAL wenst nu vast dat de geld-terug-garantie echt verplicht was geweest.

Nog een plakje kaas?

We kennen allemaal het Zwitserse kaasmodel van James Reason over risico's, dat hij introduceerde in zijn boek *Managing the Risks of Organisational Accidents* (Zie *Figuur 2: Zwitserse kaas risicomodel*).

De risicobeheersingsmaatregelen die je treft, zijn als verdedigingsmuren tegen verlies. Meerdere beheersingsmaatregelen geven je verdediging in de diepte. De muren zijn niet perfect, maar hebben gaten zoals Zwitserse kaas. Als je niet oplet, worden de gaten groter. Mensen stoppen met het volgen van procedures, repareren kapotte alarmbellen niet en verslappen in het algemeen. Vroeg of laat komen de gaten op één lijn te liggen en gaat de kogel met jouw naam erop dwars door alles heen.

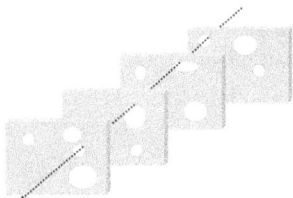

Figuur 2: Zwitserse kaas risicomodel

Het is erg verleidelijk om het risico van gaten-die-op-één-lijn-komen te bestrijden door nog een beheersmaatregel toe te voegen die een extra verdedigingslaag vormt.

Je ziet het maar al te vaak in de publieke sector. Hoe vaak heb je niet een document gezien dat vijftien handtekeningen vereist voordat iets kan worden goedgekeurd?

Zogenaamd is elke handtekening een controle op iets, maar

dat is niet erg nuttig als niemand de moeite neemt om te defini-
ëren waarop.

Er is een wereld van verschil tussen "Ik heb de nodige onderzoeken uitgevoerd om te bevestigen dat de voorgestelde nieuwe
elektrische trein geen bouw van extra onderstations vereist" en
"Ja, oké, je wilt een nieuwe trein kopen, niet mijn afdeling."

Eén persoon, gevraagd om een specifieke goedkeuring, zal
waarschijnlijk goed werk leveren. Hun plakje kaas zal zo gaten-
vrij zijn als praktisch mogelijk is.

Dezelfde persoon, gevraagd om nog een handtekening te
zetten op een document dat al door veertien andere mensen is
ondertekend, realiseert zich misschien niet eens dat hun handtekening bedoeld is om een plakje kaas te leveren.

Hoe meer verdedigingslagen je hebt, hoe minder mensen
denken dat de laag waarvoor zij verantwoordelijk zijn belangrijk
is, en hoe waarschijnlijker het is dat ze gaten ongecontroleerd
laten groeien.

De lessen van het Zwitserse kaasmodel zijn dat je minder en
kleinere gaten nodig hebt, en dat je waakzaam moet zijn tegen
het groter worden van de gaten.

Meer plakjes kaas? Niet echt.

IN MEDIAS RES

*"Enigszins verrassend is het project begonnen met de uitvoering zonder
te weten waar het zal beginnen of eindigen."* – Kerry Schott-rapport
over het Inland Rail-project, januari 2023.

Verrassend? Ja en nee.

Het Inland Rail-project is, volgens de website, een 1.600 km
lange goederenspoorlijn die Melbourne en Brisbane zal
verbinden via regionaal Victoria, New South Wales en Queensland. We weten dus wel dat de eindpunten Melbourne en Brisbane zijn. Natuurlijk beslaat het grootstedelijk gebied van
Melbourne bijna 10.000 vierkante kilometer, en groot-Brisbane

meer dan 1.500 vierkante kilometer, dus er is ruimte om de zaken wat specifieker te maken.

Maar je zou kunnen stellen – en iemand heeft dat duidelijk gedaan – dat het met 11.500 vierkante kilometer om mee te spelen, waarschijnlijk geen onmogelijke taak is om een locatie voor twee goederenterminals te vinden. Dus de beslissing om door te gaan was niet geheel verrassend. Waarom tijd verspillen door te wachten tot de terminallocaties zijn vastgesteld, terwijl je alvast aan de slag kunt met het middendeel terwijl iemand het uitzoekt?

Soms werkt dat soort aanpak vrij goed. Nieuwe spoor- en tramlijnen worden vaak in fasen aangelegd. De Northwest Metro in Sydney bijvoorbeeld was voltooid en in gebruik voordat de City Metro, waarmee het onlangs werd verbonden, volledig was gepland en gefinancierd.

Soms werkt het niet. De werkzaamheden aan Inland Rail in het midden gaan nog steeds op volle kracht door. Zullen ze de kosten waard zijn als de eindpunten er nooit komen? Misschien is het beter te hopen dat we daar niet op de harde manier achter komen.

Echte mannen doen niet aan veiligheid

Het is een houding die veel mensen het leven heeft gekost. Vooral mannen.

De Engelsen, gezegend of vervloekt met een mild en regen-achtig klimaat, hebben het weer lang behandeld als een bodem-loze bron voor small talk in plaats van als een potentiële bedreiging.

In het begin van de twintigste eeuw, in de tijd voordat de opgerolde paraplu en de bolhoed het officieuze ambtenarenuni-formen werden, werd het dragen van een paraplu in Engeland beschouwd als een teken van verwijfdheid.

Daarom, toen een groep Engelse ingenieurs de werken aan

het Panamakanaal bezocht vóór het uitbreken van de Eerste Wereldoorlog, genoten ze van de brandende zon en waren ze verbaasd om te zien dat, toen er plotseling een tropische regenbui viel, enkele honderden arbeiders in een oogwenk elk een grote paraplu opstaken.

Ze waren er sarcastisch over.

Generaal Gorgas, die verantwoordelijk was voor de werken, was een stuk minder geamuseerd dan zij. Misschien omdat hij geen Engelsman was. De arbeiders waren zeer vatbaar voor verkoudheid, en als ze na het werken in de brandende zon plotseling nat werden, kon fatale longontsteking intreden.

In die tijd waren bazen minder bezorgd over werknemers die stierven tijdens het werk, maar het sterftecijfer door deze oorzaak was een ernstige belemmering voor de werkzaamheden.

De Generaal stond erop dat elke man werd uitgerust met een paraplu. Probleem opgelost.

Echte mannen gebruiken hun PBM's.

DE NEGATIEVE KANT VAN MODULARITEIT

Modulariteit is een geweldig principe voor het ontwerpen en uitvoeren van megaprojecten. Als je het goed doet.

De reden voor de grootheid ervan is dat herhaling van de module je in staat stelt om te leren en te verbeteren terwijl je bezig bent. Flyvbjerg en Gardner geven een aantal goede voorbeelden in hun boek, *How Big Things Get Done*.

Wat ze niet vermelden, ongetwijfeld omdat het echt overduidelijk zou moeten zijn, is dat als je alleen de herhaling doet zonder het leren en verbeteren, je er geen voordeel van hebt. Sterker nog, je krijgt niet alleen geen voordeel, je verergert het nadeel.

Een vriendin van mij leerde dit tot haar spijt toen ze besloot te gaan quilten en koos voor een ontwerp gebaseerd op zeshoeken. Ze verzamelde materiaal, knipte het benodigde aantal zeshoeken uit, en ontdekte toen pas dat haar sjabloon niet zuiver was, waardoor de stukken niet op elkaar aansloten. De quilt werd nooit voltooid. Gelukkig was het een relatief goedkope vergissing.

Bij infrastructuurprojecten kan het niet leren kostbaar zijn.

Om een helaas niet geheel denkbeeldig voorbeeld te nemen: treinproductie is een modulair project: hetzelfde ontwerp wordt meerdere keren geproduceerd. Maar als de eerste trein die van de productielijn rolt te breed is om naast het perron te passen, helpt het niet echt als alle volgende treinen ook niet aan de specificaties voldoen.

Als je iets verkeerd doet, dan levert het vele malen verkeerd doen geen voordeel van modulariteit op.

Een eerlijk proces bewijzen

U voert misschien een eerlijk proces, maar kunt u het bewijzen?

De verliezende bieder bij een megaproject zal zich onvermijdelijk benadeeld voelen. Ze hebben net miljoenen uitgegeven - hoe is het mogelijk dat ze de grootste beschikbare opdracht niet winnen?

Er bestaat altijd een risico dat een verliezende bieder zo overtuigd is dat het proces oneerlijk was dat hij naar de rechter stapt. Het is dus niet genoeg dat uw proces eerlijk is; u moet onderweg bewijsmateriaal verzamelen om dit aan te tonen. (Een goede integriteitsauditor kan hier nuttig zijn.)

Bij een aanbesteding in New South Wales vroeg de CEO van de verliezende bieder om een gesprek met de Minister om te klagen dat het proces oneerlijk was geweest.

De projectdirecteur, uitgenodigd en vooraf gewaarschuwd door de Minister, bekeek zijn verzameling bewijsmateriaal en nam een opname mee van de debriefing met het verliezende biedingsteam.

Op het psychologische moment speelde hij een fragment af,

een uitwisseling met de manager van de inschrijver die ongeveer als volgt ging:

Vraag: 'Begrijpt u waarom we besloten hebben het contract aan de andere partij toe te kennen?'

Antwoord: 'Ja, dat begrijpen we.'

Vraag: 'Bent u tevreden dat het proces correct is uitgevoerd?'

Antwoord: 'Ja, dat zijn we.'

Vraag: 'Heeft u klachten over het proces?'

Antwoord: 'Nee, die hebben we niet.'

Einde van de vergadering. De geschiedenis vermeldt niet wat de CEO later tegen zijn biedingsmanager zei, maar de uitdaging stierf in het kantoor van de Minister.

Succes definiëren

Het probleem met succesfees is dat u echt voorzichtig moet zijn met hoe u succes definieert.

Bouwondernemers zijn niet de enigen die het geld volgen. Het laatste wat u nodig heeft, is een financieel adviseur met een prikkel om een slechte deal te sluiten.

Het schandaal rond de behandeling van *postmasters* heeft het optimisme rond de privatisering van Royal Mail in 2013 enigszins overschaduwd - het zou a) een tijdperk van grotere efficiëntie inluiden en b) wat geld in de overheidskas brengen.

Ik ben niet zeker over a), en de National Audit Office was zeker niet enthousiast over b). Een van hun kritiekpunten op het verkoopproces was dat de onafhankelijke financieel adviseur alleen werd gestimuleerd om de verkoop te realiseren, niet om de waarde voor de belastingbetaler te optimaliseren. Aangezien de aandelen op de eerste handelsdag met 38 procent stegen en vijf maanden later nog steeds 72 procent boven de uitgifteprijs lagen, is het niet verrassend dat de National Audit Office vaststelde dat de overheid een betere waarde had kunnen bereiken.

Men kan natuurlijk niet de aandelenkoers volledig wijten aan de structuur van de prikkel voor de financieel adviseur.

Maar u moet denken dat een betere definitie van succes tot een beter resultaat zou hebben geleid.

Hoeveel megaprojecten is te veel?

Er werd een zeer spraakmakende rechtszaak aangespannen voor een rechterlijke toetsing van het besluit van de minister van Transport om in augustus 2012 een contract van £5,5 miljard toe te kennen voor de InterCity West Coast (ICWC) spoorwegconcessie.

De zaak, aangespannen door Virgin, de zittende concessiehouder en verliezende bieder, werd zeer snel geschikt, omdat het Ministerie van Transport na één blik op het bewijsmateriaal de toekenning annuleerde en een overeenkomst sloot om het bestaande contract met twee jaar te verlengen terwijl ze de puinhoop opruimden.

De verschillende *inquiries* die volgden, vonden nogal wat problemen, maar de governance-tekortkomingen waren bijzonder verbijsterend. De officiële governance structure, die hoe dan ook grotendeels werd genegeerd, vereiste niet dat het besluit om het contract toe te kennen zou worden overwogen door het Executive Committee (ExCo) of de volledige raad van bestuur. En dat gebeurde dan ook niet.

Toegegeven, het bestuur was slechts een adviesraad - de echte macht lag bij ExCo. De aanvraag voor inschrijving werd uitgegeven op 20 januari 2012 en de toekenning werd aangekondigd op 15 augustus van dat jaar. Maar van de 26 ExCo-vergaderingen die plaatsvonden tussen 10 januari 2012 en 14 augustus 2012, werd in de notulen slechts drie keer verwezen naar spoorwegconcessies en was er helemaal geen expliciete verwijzing naar het ICWC-concessieproces.

We hebben het over een contract van vijf en een half miljard pond dat een nieuwe structuur van franchiseovereenkomsten introduceerde. ExCo? Niet geïnteresseerd.

ExCo zat natuurlijk niet alleen collectief duimen te draaien terwijl het ICWC-franchiseproces de mist in ging. Dit was 2012.

High Speed 2 was mega. Thameslink was mega. CrossRail was mega. De Luchtvaart- en Wegenstrategie was mega. De Olympische Spelen in Londen waren ontzettend mega.

Maar als je geen tijd kunt vinden om een contract van £5,5 miljard te overwegen, heb je waarschijnlijk minstens één megaproject te veel op je genomen.

Het privatiseringsprobleem

Het probleem met het uitbesteden van een bedrijf aan de private sector is dat zodra je het verkocht hebt, je er niet langer eigenaar van bent.

In de vroege jaren '90, voordat ik stopte als advocaat, adviseerde ik Oost-Europese regeringen over de wetgeving die nodig was om een markteconomie op te zetten na de val van de Berlijnse Muur en het uiteenvallen van de Sovjet-Unie. Alle bedrijven waren staatseigendom geweest en de meeste werden nu verkocht.

Deze regeringen konden niet altijd goed overweg met het concept dat ze, zodra ze iets aan de private sector hadden verkocht, er geen eigenaar meer van waren. Het was voor hen beledigend dat terwijl bedrijfsmanagers vroeger sprongen om hun bevelen uit te voeren, hun verzoeken plotseling werden genegeerd en hun instructies niet afdwingbaar waren.

Destijds dacht ik dat deze regeringen moeite hadden met het concept omdat ze communisten waren. Met het voordeel van nog eens 30 jaar ervaring, denk ik dat het was omdat ze regeringen waren.

Ministers zijn wettelijk bevoegd om hun departementen aanwijzingen te geven die moeten worden opgevolgd. De etiquette van de publieke sector is zodanig dat een Minister zelden formeel schriftelijke aanwijzingen hoeft te geven. Dit gebeurt alleen wanneer er een specifieke wettelijke vereiste is voor een formeel document van bevoegdheid, wat niet gebruikelijk is, of wanneer de ambtenaren van het departement zo geschokt zijn door wat de Minister koppig blijft eisen dat ze weigeren verder te gaan zonder een schriftelijke opdracht, wat uiterst zeldzaam is.

Regeringen denken daarom vaak dat werknemers in de publieke sector hun suggesties opvolgen als een soort goddelijk recht in plaats van een wettelijke verplichting, en ze nemen aan dat bedrijven in de private sector op dezelfde manier meegaand zullen zijn. Dat doen ze niet.

Als je een uitbestedingscontract sluit, betekent dat niet dat je moet proberen om de inherente beperkingen van de publieke sector in het contract te repliceren. Laten we eerlijk zijn, het hele punt van uitbesteding is normaal gesproken om de ketenen van de publieke sector af te werpen.

Maar het is waarschijnlijk verstandig om ervoor te zorgen dat je Minister de basis van de nieuwe relatie begrijpt die door het contract wordt vastgelegd.

Anders zou je volgende taak wel eens kunnen zijn om het bedrijf dat je net geprivatiseerd hebt weer te nationaliseren.

Perverse prikkels zijn overal

Een van mijn favorieten is de vondst van de Dode Zee-rollen.

Nadat de eerste rollen waren gevonden in de eerste van de Qumran-grotten, boden enthousiaste wetenschappers aan de lokale bedoeïenen te betalen voor alle verdere rollen die ze zouden ontdekken.

Helaas beloofden ze een vast bedrag per vondst. Het duurde niet lang voordat de lokale bevolking ontdekte dat als ze een rol in tweeën scheurden, ze dubbel betaald zouden worden.

Scheur die stukken nog eens doormidden, en je krijgt weer het dubbele.

Tegen de tijd dat de wetenschappers doorhadden wat er aan de hand was, waren er zo veel rollen verscheurd dat het jaren duurde om ze weer samen te stellen.

Ik kan me nu niet meer herinneren waar ik dit verhaal ben tegengekomen, dus ik kan niet instaan voor de betrouwbaarheid ervan, maar het is een schoolvoorbeeld van hoe zorgvuldig je moet zijn bij het ontwerpen van prikkels.

REFERENTIEKLASSEVOORSPELLING

Als er ooit een project was dat de voordelen van referentieklasse-voorspelling aantoonde, dan was het het tramproject in Edinburgh wel.

Niet omdat ze succesvol referentieklassevoorspelling gebruikten, maar omdat ze het niet gebruikten en daardoor flink voor schut stonden.

Het probleem was, zoals zo vaak bij lightrailprojecten, het verplaatsen van nutsvoorzieningen. Het *Inquiry report*, uitgebracht in september 2023, merkte op dat het straatgedeelte van het tramproject in Edinburgh, van Haymarket naar Newhaven, ongeveer acht kilometer lang was. De planning voorzag in het verplaatsen van nutsvoorzieningen langs dat traject binnen achttien maanden.

Referentieklasseplanning vereist dat je naar vergelijkbare projecten kijkt om te zien hoe lang het duurde om ongeveer hetzelfde te doen. Natuurlijk, als je Bent Flyvbjerg niet bent, heb je misschien geen grote genoeg projectdatabase om een volledige referentieklasse te creëren. Maar er is altijd professor Google.

Twee voor de hand liggende lightrailproject-vergelijkingen waren Manchester, waar een straatsectie van twee kilometer was, en Birmingham, waar een straatsectie van 800 meter was. In beide gevallen duurden de werkzaamheden ongeveer twee jaar.

Dus het Edinburgh-team kon onmogelijk hebben geraden dat achttien maanden misschien niet genoeg tijd zou zijn om acht kilometer vrij te maken. Totaal onvoorspelbaar, toch?

Uiteindelijk duurde het meer dan vier jaar om zes van de acht kilometer te voltooien, wat op basis van de vergelijkingen eigenlijk best goed kan zijn geweest. Het had alleen geen enkele relatie met de planning die aan de financiers was meegedeeld, die als gevolg daarvan hun vingers flink hebben gebrand.

Het evaluatiespreadsheet des doods

Het zal misschien als een verrassing komen, maar het doel van de technische evaluatie is niet om het meest ingewikkelde spreadsheet ter wereld te maken.

We hebben het allemaal gezien. Elk criterium onderverdeeld in subcriteria. En sub-subcriteria. Enzovoort. Elk onderdeel apart gescoord en gewogen. Honderden en honderden gegevens in het evaluatiespreadsheet invoeren.

Oké, ik overdrijf een beetje. En het is waar dat er waarde zit in het aantonen dat er aandacht wordt besteed aan elk aspect van de inschrijving.

Maar het doel van een technische evaluatie is te beslissen welke inschrijver de beste technische aanbieding heeft. Hoe meer subcriteria en sub-subcriteria je hebt, hoe moeilijker het wordt om onderscheid te maken tussen de inschrijvingen. Zelfs de wow-factor van een prachtige innovatie voegt misschien slechts 0,01 toe aan het totaalcijfer wanneer deze als sub-sub-subcriterium wordt beoordeeld.

Voor elk project zullen er waarschijnlijk slechts een handvol belangrijke punten zijn die de inschrijvers van elkaar moeten onderscheiden. Als het scoresysteem niet toestaat dat de onderscheidende factoren een verschil maken, kun je veel tijd besteden aan het invullen van het technische evaluatiespreadsheet en nog steeds uitkomen met vrijwel identieke scores.

Echt niet behulpzaam.

INSCHRIJVERS SLECHT BEHANDELEN

Inschrijvers voor megaprojectcontracten zijn harde types. Ze zullen niet in een hoekje gaan zitten huilen als je ze lastig valt of hun werk onnodig moeilijk maakt.

Maar dat is geen reden om ze slecht te behandelen.

In de InterCity West Coast franchise-zaak had het Britse Ministerie van Transport oorspronkelijk de markt geïnformeerd dat het van plan was de uitnodiging tot inschrijving in mei 2011 uit te brengen. Op de dag zelf waarop de uitnodiging zou worden uitgegeven, zei het Ministerie dat het niet klaar was en stelde het tenderproces voor onbepaalde tijd uit, om uiteindelijk in januari 2012 naar de markt te gaan.

Dat toonde niet veel respect voor de inschrijvers, die panden hadden gehuurd en inschrijvingsteams hadden samengesteld die klaar waren om aan de slag te gaan zodra de aanbesteding beschikbaar zou zijn.

Er was geen direct verband met de problemen die er later toe leidden dat de verliezende inschrijver een rechtszaak aanspande en de competitie werd geannuleerd, maar het niet geven van een waarschuwing voor de wijziging verhoogde de inschrijvings-kosten en droeg niet bij aan het vertrouwen in het proces.

Als je niet perfect kunt zijn, wees dan ten minste consequent. Opdrachtgevers met een reputatie van eerlijkheid en gebruiks-vriendelijkheid trekken een betere klasse inschrijvers aan en krijgen meer concurrerende prijzen.

EEN UNIEKE PPS?

Toen RailCorp (voorganger van Sydney Trains) in 2004 besloot om treinen aan te schaffen via een Publiek-Private Samenwer-king (PPS), dachten we dat het een wereldprimeur was. Een aantal plaatsen had hele spoorwegen aangeschaft via een PPS, met de treinen als onderdeel van het pakket. En spoorwegmaatschappijen kochten al meer dan honderd jaar treinen zonder PPS.

Maar voor zover wij wisten had niemand ooit een PPS gebruikt om treinen te kopen die door de opdrachtnemer zouden worden gefinancierd, in eigendom gehouden, onderhouden en beschikbaar gesteld, maar die door iemand anders zouden worden bediend op een netwerk waarover de opdrachtnemer geen controle had. (Ik ontdekte later dat de London Underground al iets soortgelijks had gedaan, maar dat wisten we destijds niet.)

We wisten wel dat het ingewikkeld was. De opdrachtnemer zou verantwoordelijk zijn voor de conditie en het onderhoud van de trein tijdens de exploitatieperiode, maar zou elke trein slechts ongeveer één keer per maand in handen krijgen. In de tussentijd zouden de treinen onder controle van iemand anders over het netwerk razen. Bestuurd door mensen die de opdrachtnemer niet had opgeleid of beheerde. Rijdend over sporen die volgens andermans normen werden onderhouden. Beregend en getroffen door bliksem. Vervuild en gevandaliseerd door onvoldoende gesocialiseerde passagiers. Gedeukt door ontmoetingen met onvoorzichtige kangoeroes. Geparkeerd in verouderende opstelterreinen verspreid over het grootstedelijk gebied.

Kon je echt een financierbare PPS maken van zo'n allegaartje? Dit was een uniek probleem.

Eigenlijk niet.

Ik was oud genoeg om me de begindagen van hypotheeksecuritisaties in de jaren tachtig te herinneren, toen ik advocaat was in Londen. Het leek ongelooflijk dat Saloman Brothers een verkoopbare obligatie kon creëren uit een verzameling particuliere hypotheken. Het uitgeven van vastrentende effecten op basis van individuele hypotheken betekende een manier vinden om om te gaan met alles wat er gebeurt met individuele hypotheeknemers: ze raken in betalingsachterstand, branden hun huizen af, overlijden, verhuizen naar een andere staat, doen extra betalingen, doen de verkeerde betalingen, verhuren de panden in strijd met het contract, proberen de sleutels terug te geven en maken zich over het algemeen tot lastpakken.

Maar het buitengewone wordt gewoon. In 2004 hadden de advocaten, als je een of andere inkomstenstroom had, wel een contract in hun precedentenbibliotheek om het te securitiseren.

De trein-PPS stelde in wezen hetzelfde probleem. Hoe ervoor te zorgen dat de beschikbaarheidstermijnen die de opdrachtnemer zou gebruiken om de schuldfinanciering af te lossen (onder voorbehoud van competente prestaties door de opdrachtnemer) stabiel en voorspelbaar zouden blijven, ondanks alle zaken buiten de controle van de opdrachtnemer die gebeuren op een druk passagiersnetwerk.

Het was uniek in die zin dat het nog niet was gedaan bij een spoorweg, of dat dachten we destijds. Maar als het kon worden gedaan voor particuliere hypotheken, dan kon het zeker worden gedaan voor treinen?

Dat kon. We hebben het gedaan.

DEEL 6

COLLOCATIE

*C*ollocatie is een geweldig hulpmiddel voor samenwerking. Maar het is niet genoeg.

Als je twee groepen mensen hebt die moeten samenwerken, helpt het meestal om ze bij elkaar te zetten, vooral als ze gemeenschappelijke keukenfaciliteiten delen. Informele gesprekken bij het koffiezetapparaat kunnen veel doen om de wielen te smeren.

Maar als je die twee groepen mensen op dezelfde verdieping van een gebouw plaatst, en ze vervolgens afzondert in twee volledig gescheiden ruimtes met aparte beveiligde toegang zodat ze geen persoonlijk gesprek kunnen voeren zonder een afspraak te maken, zullen ze waarschijnlijk niet meer met elkaar praten dan toen ze door een halve stad van elkaar gescheiden waren.

Het gaat niet alleen om de fysieke locatie, maar om de houding.

Staat de deur open of dicht?

De dag van de President maken

Projectmanagers worden vaak gevraagd om een speciale inspanning te leveren om politici een mediakans te geven, maar deze spant waarschijnlijk de kroon.

Het gebeurde op vrijdag 10 oktober 1913 als onderdeel van de aanleg van het Panamakanaal. President Wilson mocht de Gamboa-dijk opblazen.

In een vroeg voorbeeld van thuiswerken deed hij dit door op een knop in het Witte Huis te drukken.

Het verslag van Reuters laat zien hoeveel moeite het projectteam heeft gedaan om de verbinding tot stand te brengen:

"Er waren uitgebreide voorbereidingen getroffen door de Western Union en Central South American Telegraph Companies voor de onmiddellijke en automatische verzending van het signaal van de President vanuit Washington naar Galveston, een afstand van 1556 mijl. In Galveston werd het opgepikt door gevoelige zendapparatuur en verzonden via de kabel (793 mijl) naar Coatzacoalcos, van daaruit 188 mijl over de draden van de Tehuantepec National Railway, 766 mijl over de Pacifische kabel naar San Juan del Sur, en nog eens 718 mijl per kabel naar Panama. Van daar ging het naar zijn bestemming via de draden van de Panama Railroad Company."

Nadat de President op de knop had gedrukt, duurde het iets minder dan 4 seconden voordat het signaal het 4000 mijl lange circuit sloot en enorme ladingen dynamiet ontstak om de Gamboa-dijk op te blazen, het laatste obstakel voor de navigatie van het grootste deel van het Kanaal door schepen met een geringe diepgang.

Een geweldige PR-stunt. En ik wed dat het de dag van de president heeft gemaakt.

Zorg voor het beste team

Ellesse Andrews uit Nieuw-Zeeland is de Olympisch kampioene wielrennen voor vrouwen.

Haar fiets is veel beter dan de mijne.

Wat geen enkel verschil maakt. Als we van fiets zouden wisselen, zou ze me nog steeds verslaan met bijna evenveel meters als de lengte van het parcours.

Oké, niemand kan op een fiets met vierkante wielen rijden.

Maar als de uitrusting in principe geschikt is voor het doel, win je meer medailles door je inspanningen te richten op het krijgen van het beste team dan op het krijgen van de beste uitrusting.

Als je moet vragen, weet je het al.

Ik ontmoette ooit iemand die werkte aan een hulplijn voor advocaten bij de Law Society in Engeland. Meestal waren de bellers eenmanspraktijken, die geen collega hadden die ze konden raadplegen.

Het meest voorkomende probleem was belangenverstrengeling. Advocaten mogen over het algemeen geen cliënt accepteren voor een zaak waarbij ze een belangenconflict hebben. Sommige conflicten zijn overduidelijk: nee, je kunt niet optreden voor een cliënt die iemand wil aanklagen als je ook optreedt voor de partij die wordt aangeklaagd. Andere situaties zijn minder eenvoudig, daarom bood de Law Society de hulplijn aan.

Wat deze persoon opviel was dat het antwoord op de vraag: 'Heb ik een belangenconflict?' altijd 'Ja' was. Elke keer weer.

Het kan echt moeilijk zijn voor een eenmanspraktijk om een cliënt te weigeren. Iedereen heeft een beeld van een advocaat als een zakelijke hotshot in een enorm bedrijf die bergen geld verdient. Maar de meeste advocatenkantoren zijn eenmanspraktijken. Ze runnen over het algemeen een klein bedrijf in de winkelstraat, met alle bijbehorende hoe-betaal-ik-de-huur-cash-flow-zorgen die daarbij horen. Een potentiële cliënt afwijzen is een grote zaak.

Het telefoontje naar de hulplijn is een kleine, wanhopige hoop dat er misschien niet echt een belangenconflict is: misschien kunnen ze de cliënt toch accepteren en een broodnodige vergoeding verdienen. Maar als ze zich zorgen genoeg maakten om de hulplijn te bellen, hadden ze altijd gelijk om zich zorgen te maken.

Dus, de volgende keer dat er iets gebeurt en je vraagt je af of je een ethisch probleem hebt?

Ja. Dat heb je.

MOET JE EERST VERPLICHTE CRITERIA EVALUEREN?

Ik heb het niet over de standaard nalevingscontrole: ervoor zorgen dat inschrijvers voldoen aan de indieningsvereisten of dat eventuele tekortkomingen zo klein zijn dat het oneerlijk zou zijn om ze op die basis uit te sluiten.

Ik heb het over inhoudelijke slaag/faal-criteria, zoals het vereisen van een garantie van een moedermaatschappij of het bezitten van een bepaalde kwalificatie. Ik vermijd deze liever helemaal - megaprojecten zijn zo complex dat er zelden één factor zo overweldigend is dat een bod volledig wordt uitgesloten als dit de enige tekortkoming is.

Maar als je wel slaag/faal-criteria hebt, moet je die dan eerst evalueren voordat je je beoordelaars loslaat op de rest van het bod? Waarom zou je tijd besteden aan het evalueren van een bod totdat je zeker weet dat de hindernis is genomen?

Ik houd niet van deze aanpak.

Het is waar dat een verplicht criterium als een drempelvraag behandelen veel problemen had kunnen besparen in de Schotse veerdienst-aanbestedingsdebacle (twee veerboten besteld in 2015 voor levering in 2018, zeven jaar te laat en nog steeds niet geleverd, ver boven budget - zie Verplichte criteria hierboven). Ferguson Marine, de succesvolle bieder, zou in theorie nooit zijn bod hebben zien doorgaan naar de evaluatie, laat staan het winnen van het contract, omdat het niet in staat was om de vereiste garantie te verstrekken.

Maar als je van plan bent om te doen wat de Schotse ministers deden, en een vereiste te negeren dat als verplicht is omschreven, maakt het eigenlijk niet uit of je de vereiste überhaupt evalueert.

Het evaluatieproces als geheel zal zeker weken en weliswaar maanden duren, wat op zich al lang genoeg is. Als je niet toestaat dat het bredere evaluatieproces begint voordat alle verplichte criteria zijn beoordeeld, vertraag je het aanbestedingsproces als geheel.

Inderdaad, als een bieder niet aan een verplicht criterium voldoet, heb je wat tijd verspild met het evalueren van de rest van hun offerte.

Maar eerlijk gezegd, Ferguson Marine daargelaten, hoeveel bieders van megaprojecten zullen miljoenen uitgeven aan het samenstellen van een offerte maar toch nalaten het cruciale vakje aan te vinken?

Je kunt maar beter gewoon aan de slag gaan.

DE GEVAREN VAN DE KLANT TEVREDEN TE STELLEN

De Melbourne CityLink tolweg, die eind 2000 werd geopend, omvatte ongeveer vijf kilometer verhoogde weg ondersteund door zuilen.

Mogelijkheden voor de constructie van de weg waren onder andere het gebruik van T-balken of ter plaatse gestort beton. Bij het gebruik van T-balken zou het mogelijk zijn om tegelijkertijd over de hele vijf kilometer verhoogde weg te werken. Bij ter plaatse gestort beton zou de bouw aan één uiteinde moeten beginnen en in precieze volgorde naar het andere uiteinde moeten gaan, waarbij elk betonnen deel op het vorige wordt aangepast.

De keuze van de methode werd aan de aannemer overgelaten, maar blijkbaar gaf de klant informeel de voorkeur aan de superieure esthetiek van ter plaatse gestort beton, en de aannemer besloot de klant tevreden te stellen.

Een van de secties brak tijdens de bouw en het hele project liep aanzienlijke vertraging op terwijl een vervangende sectie werd gegoten en uitgehard.

Waarschijnlijk ziet het er inderdaad beter uit. Maar het heeft veel meer gekost.

VIERKWADRANTENMODEL VOOR PROFESSIONELE INTEGRITEIT

Maken we professionele integriteit moeilijker dan nodig is? Kunnen bedrijven het hun werknemers gemakkelijker maken?

Er zijn twee elementen van professionele integriteit. De eerste is dat je hoge professionele normen hanteert. De tweede is dat je bereid bent om die normen te handhaven ondanks aanzienlijke persoonlijke kosten, zoals het verlies van een klant.

Dus, hoe krijg je mensen zich in de juiste richting langs deze dimensies te bewegen? Het hangt natuurlijk af van waar ze beginnen:

- Hoge normen, hoge acceptatie van persoonlijke kosten. Deze zijn de mensen die anderen bewonderen om hun integriteit. Neem ze aan. Promoveer ze. En, aangezien de financiële resultaten belangrijk blijven, overweeg om ze extra training te geven in interpersoonlijke vaardigheden. Hoewel integriteit vereist dat je bereid bent een klant te verliezen, kunnen veel klanten met gebrekkige normen worden bijgeschoold tot het punt waarop het niet langer nodig is ze te ontslaan.

- Hoge normen, lage acceptatie van persoonlijke kosten. Dit zijn mensen die weten wanneer er iets verkeerd wordt gedaan, maar bang zijn dat het uiten van hun zorgen hen hun baan zal kosten. Maak het gemakkelijk voor hen. Creëer een cultuur waarin boodschappers worden beloond in plaats van afgestraft.
- Lage normen, hoge acceptatie van persoonlijke kosten. Deze mensen zijn bereid om het juiste te doen, maar om welke reden dan ook weten ze niet wat het juiste is. Leer ze. Bouw hoge normen op in je gewone bedrijfsprocessen.
- Lage normen, lage acceptatie van persoonlijke kosten. Dit zijn de mensen voor wie kassaregisters zijn uitgevonden – in plaats van een lade vol geld die gemakkelijk te stelen is, vergrendelt een kassaregister de kassa tussen transacties. Toen ze werden geïntroduceerd in de detailhandel, verdween diefstal van geld door werknemers van de ene op de andere dag (diefstal van voorraad was nog steeds een probleem, maar goed). Hoewel zulke mensen niet de meest gewenste werknemers zijn, als je bedrijfsprocessen het onmogelijk maken om *niet* het juiste te doen, hoeft hun integriteit misschien nooit op de proef te worden gesteld.

Bij elkaar leek dat verdacht veel op een vierkwadrantenmodel van een managementconsulent, dus ben ik er maar een gaan maken. (Zie *Figuur 3: Vierkwadrantenmodel van Professionele Integriteit*)

HOOG	ONDERSTEUNEN	BEVORDEREN
Professionele Normen		
LAAG	BEGRENZEN	OPLEIDEN

LAAG   HOOG

Acceptatie van Persoonlijke Kosten

Figuur 3: Vierkwadrantenmodel van Professionele Integriteit

Alsjeblieft. Professionele integriteit eenvoudig gemaakt.

ONREDELIJK ZIJN STUURT EEN BOODSCHAP

Als de andere partij volledig onredelijk lijkt in een onderhandeling, dan heb je óf iets ernstig verkeerd begrepen, óf ze zijn geen mensen met wie je zaken zou moeten doen. Of beide.

Ik heb grimmige herinneringen aan een onderhandeling in de late jaren 90, waarbij we moeizaam door een PPS-contract gingen en probleem na probleem aanwezen, zonder enige beweging van de andere kant.

Op een gegeven moment, na een half uur de advocaat van de andere partij in het nauw te hebben gedreven en voor elke centimeter te hebben gevochten, gaf hij eindelijk toe dat hun prestatieregimeformule dubbeltelling inhield.

Mijn kortstondige opwinding over het eindelijk bereiken van een concessie werd onmiddellijk de grond in geboord, toen hij na de tegenstribbelende erkenning van dubbeltelling de woorden liet volgen: 'Maar we willen het toch zo hebben.' (!!!)

Twee dagen later heeft de andere partij het contract opnieuw uitgegeven. Ze hadden in ieder geval geluisterd toen ik de problemen voor ons aanwees. De clausules waarop ik me had gericht, waren bijna allemaal nog erger gemaakt.

Een net zo duidelijke boodschap van rot op als wanneer ze de woorden hardop hadden gezegd.

We zijn weggelopen.

De waarheid was dat de andere partij gelijk had – we hadden nooit binnen moeten stappen. Maar destijds was het allemaal verweven met politiek en konden ze ons noch weigeren te spreken, noch hardop zeggen wat ze echt dachten.

We hebben de boodschap begrepen.

Hoe groot zijn de kansen?

In 2016 gunde Ierland een contract voor de bouw van een nieuw kinderziekenhuis in Dublin. De *Irish Times* meldde dat de toenmalige minister van Volksgezondheid, Leo Varadkar, zei dat 'tenzij er een asteroïde de planeet raakt', het nieuwe ziekenhuis tegen 2020 zou zijn gebouwd.

Sindsdien is de datum van oplevering ongeveer twaalf keer uitgesteld, met de huidige vroegste datum in juni 2025.

Heeft een asteroïde de planeet geraakt?

Eigenlijk wel, ja.

Volgens de Catalina Sky Survey van de Universiteit van Arizona treffen kleine asteroïden de aarde meerdere keren per jaar, dus het aantal keren dat de opleverdatum is uitgesteld komt ongeveer overeen met het aantal asteroïden dat in dezelfde periode de aarde heeft geraakt.

Geen onjuiste voorstelling van zaken dus.

Goed gedaan, meneer de Minister.

Het geven van goede instructies

Waarom komt het nooit bij mensen op die klagen over de kwaliteit van het advies dat ze krijgen, dat de fout zou kunnen liggen bij de kwaliteit van de instructies?

Je hebt misschien het gevoel dat je advies nodig hebt over de wetgeving betreffende bedreigde diersoorten. Maar als je vergeet te vermelden dat je dit nodig hebt omdat een medewerker op de bouwplaats een kolonie Groene en Gouden Boomkikkers heeft gevonden (het beestje dat ervoor zorgde dat het Sydney Olympics-project het tenniscentrum moest verplaatsen) en je niet weet of het nog steeds oké is om vrijdag de bulldozers te sturen, geef dan niet de advocaat de schuld als het antwoord te breed en niet behulpzaam is en pas op maandag arriveert.

Hoewel, elke enigszins competente advocaat die geconfronteerd wordt met de vraag: 'Wat is de wetgeving over bedreigde diersoorten?' zou moeten reageren met 'Waarom vraagt u dat?' Rechtenfaculteiten proberen niet te leren hoe je betekenisvolle instructies kunt ontfutselen aan een incoherente cliënt, wat jammer is. Gezien het aantal incoherente cliënten is het een kernvaardigheid.

Maar het zou fijn zijn als meer cliënten de kunst van het geven van goede instructies onder de knie zouden krijgen.

INTEGREREN VAN EVALUATIESCORES

Een van de moeilijke beslissingen bij het structureren van een evaluatiemethodologie is hoe je scores over verschillende criteria integreert.

Technische zaken worden normaal gesproken individueel gescoord, vaak op een schaal van 10, en vervolgens worden de individuele scores samengevoegd en gewogen om een totale technische beoordeling te produceren. Maar kosten worden gemeten in geld.

Hoe je deze samenvoegt (afgezien van de opmaak van het contract, wat zijn eigen speciale evaluatieproblemen met zich meebrengt) is altijd een kwestie. Moeten kosten worden omgezet in een score, en zo ja, hoe?

In zekere zin vindt de omrekening plaats, of je dat nu formeel doet of niet. Bij de beslissing of een kostenplaatje van $3,2 miljard plus een technische score van 72 beter is dan een kosten-plaatje van $3,9 miljard plus een technische score van 82, bepaal je de dollarwaarde van het verschil van 10 punten of de punten-waarde van het verschil van 700 miljoen dollar, ook al formuleer je de beslissing in je hoofd niet op die manier.

De vraag is of je moet proberen die omrekeningswaarden vast te stellen voordat je de inschrijvingen ontvangt. Ik geef er de voorkeur aan om dat niet te doen, omdat een eenvoudige omre-kenschaal waarschijnlijk niet goed omgaat met de complexiteit van megaprojecten.

De Nuclear Decommissioning Authority probeerde het probleem bij het Magnox-ontmantelingscontract in 2014 aan te pakken door een ingewikkelde omrekenschaal te introduceren in plaats van een eenvoudige. Ze dachten dat ze redelijkerwijs mochten verwachten dat inschrijvers een besparing van 10 tot 20% ten opzichte van de raming vóór aanbesteding zouden bieden, maar dat besparingen boven de 35% niet geloofwaardig zouden zijn. De omrekenschaal die ze creëerden had de vorm van een S-curve. Het steilste deel van de curve lag tussen 10% en 20% besparingen, om het grootste onderscheid tussen inschrij-vers te maken, waarbij de curve bijna vlak werd op het niveau van 35%.

Ze besloten dat de integriteit vereiste dat ze de S-curve aan de inschrijvers zouden verstrekken. Ik denk dat dat betwistbaar was, maar goed, ze deden het. En zie daar, de inschrijvingen kwamen binnen rond het punt van de curve waar de maximale scores beschikbaar waren. Het vlakke deel. Dat betekende dat een verschil van bijna £300 miljoen resulteerde in een scoreverschil van minder dan 1,5%. Als datzelfde verschil in het steile deel van de curve was verschenen, zou het verschil in scores veel groter zijn geweest.

Het gebruik van een S-curve was een geldige keuze. De verlie-zende inschrijver heeft de gunningsbeslissing met succes aange-vochten, maar het probleem lag elders. (Zie Het moet echt een ramp zijn als niemand er bij baat heeft... hierboven .) Deze benadering van het integreren van de scores was niet ongepast of onwettig.

Het werkte gewoon niet zoals ze hadden verwacht.

Het kan een beetje eng zijn om de benadering te kiezen waarbij de juiste omrekeningskoers niet vooraf wordt vastgesteld, maar iets is waarover de evaluatiecommissie een beslissing moet nemen na alles in aanmerking te hebben genomen. Om bestand te zijn tegen uitdagingen, moet het een beslissing zijn die wordt ondersteund met solide redenen, duidelijk geformuleerd.

Dat is moeilijker dan een getal in een formule in te voeren.

Maar het werkt beter.

Mooi werk als je het kunt krijgen

Het Holyrood-project voor de bouw van een nieuw Schots parlementsgebouw was bekend vanwege de vertraging en budgetoverschrijding. Een minder bekend effect was de invloed die het had op advieskosten.

Het rapport van de Britse National Audit Office (NAO) uit 2000 constateerde dat de vergoedingen voor projectconsultants waren gestegen van 10 miljoen pond naar 26 miljoen pond, grotendeels omdat de vergoedingen werden berekend als percentage van de bouwkosten, en de bouwkosten waren meer dan verdubbeld.

De stijging van de bouwkosten was niet voorzien, maar de NAO wees erop dat de risico's eerlijker zouden zijn gedeeld als er een mechanisme was opgenomen om de vergoedingen als percentage van de bouwkosten te verlagen naarmate het kostenniveau toenam.

Wie luistert er naar de NAO?

Er werd pas in 2003 actie ondernomen om opnieuw te onderhandelen over de vergoedingen met de Holyrood-consultants, wat ongelukkig was, aangezien de bouwkosten in de tussentijd met nog eens 220 procent hadden gestegen. Tegen de tijd van het volgende NAO-rapport in 2004 waren de vergoedingen gestegen tot £50 miljoen.

Het zou mooi zijn om te denken dat de waarde van de consultants met de prijs steeg. Vreemd genoeg, betwijfel ik dat.

Dood door duizend sneetjes

Het probleem met salami is dat één plakje niet veel voorstelt, maar als je blijft snijden, raak je uiteindelijk door de worst heen.

Toen ik betrokken was bij de privatisering van Railtrack in 1996, drongen de investeringsbankiers aan op de noodzaak om ten minste zes maanden live tests uit te voeren van de prestatieregimes voor op-tijd-rijden die werden onderhandeld met de treinmaatschappijen, om er zeker van te zijn dat hun impact werd begrepen.

Nou, misschien drie maanden. We staan erop. Nou, zelfs twee maanden eigenlijk. Nou, zolang ze allemaal maar voor de beursgang op hun plaats zijn, dat is wat telt.

Ja, hoor.

Na de beursgang bleek dat de prestatieregimes meer dan een paar mankementen vertoonden. In sommige gevallen zou een treinbedrijf dat stappen nam om een vertraging te minimaliseren die door iemand anders was veroorzaakt, slechter af zijn (de klassieke perverse prikkel), omdat het zowel de kosten droeg voor het minimaliseren van de vertraging als de hoogte van de compensatiebetalingen die het zou ontvangen verminderde.

De bedoeling was om vertragingen op het spoor te verminderen, maar de complexiteit van het beheer van de regimes zorgde ervoor dat een gênant aantal spoorwegmedewerkers hun dagen doorbracht met discussiëren over de verantwoordelijkheid voor vertragingen in plaats van de oorzaken ervan aan te pakken.

Het zou veel gemakkelijker zijn geweest om op te lossen als de problemen zichtbaar waren geweest voordat de partijen uit de overheidscontrole stapten. Maar de investeringsbankiers hadden geen worst meer.

GOED ANTWOORD, VERKEERDE VRAAG

'Wat kan ik doen aan linnengoed?'

De vraag verraste me en ik had geen idee waar de student het over had.

Ik gaf een lezing over inkoop aan een groep uit Bangladesh, die naar Australië was gekomen voor een speciaal programma van de Macquarie Universiteit om de vaardigheden van medewerkers uit de publieke sector van ontwikkelingslanden te verbeteren.

De student legde uit dat hij verantwoordelijk was voor de inkoop bij ziekenhuizen, en dat de kosten voor het laten wassen van linnengoed steeds hoger werden. Zijn vraag leidde tot een interessante discussie over waar de grens te trekken tussen wat intern gedaan moet worden en wat uitbesteed moet worden, en het effect dat dit zou kunnen hebben op de prijs-kwaliteitverhouding. Wat als het wasgoed door ziekenhuispersoneel zou worden gesorteerd voordat het door de aannemer werd opgehaald? Wat als het ziekenhuis eigenaar was van de wasmachines?

Een paar dagen later bezocht ik mijn arts voor een controle, en merkte dat er aan het hoofdeinde van de onderzoeksbank een enorme rol zacht papier hing. De arts trok er een stuk vanaf om de bank te bedekken voordat ik erop ging liggen, en aan het einde van het consult scheurde hij het af en gooide het in de prullenbak. Het probleem van de hoge kosten voor het wassen van linnengoed was opgelost door helemaal geen linnengoed te gebruiken.

Soms is de juiste vraag niet 'Hoe kan ik dit het beste inkopen?' maar 'Koop ik wel het juiste in?'

EEN BEWOGEN GESCHIEDENIS

Het is een probleem dat elke assetmanager zal herkennen. Niemand besteedde genoeg aandacht aan hoe een beslissing over spoorwegfinanciering van invloed zou kunnen zijn op wat er in de praktijk gebeurt.

Oliver Roeder heeft in de Weekend FT geschreven over de huidige problemen die zijn ontstaan door een beslissing in de negentiende eeuw om een groot deel van westelijk Wyoming op te delen in een schaakbordpatroon van vierkanten van anderhalve kilometer aan elke zijde, waarbij de vierkanten afwisselend openbaar en privéland waren. Het privéland werd aan spoorwegmaatschappijen gegeven, die hun percelen verkochten om de aanleg van de verbinding tussen het Middenwesten en Californië te financieren.

Verbazingwekkend genoeg is het pas nu dat het voor de hand liggende praktische probleem naar voren komt: hoe kom je van het ene stuk openbaar land naar het andere zonder dat je onrechtmatig op andermans privéterrein betreedt (of overvliegt)? Op een plek waar het recht om elanden en muilherten te schieten op openbaar land net zo vanzelfsprekend is als het recht om indringers neer te schieten, is het antwoord van cruciaal belang. Een lopende rechtszaak wordt met belangstelling gevolgd en zal ongetwijfeld helemaal tot aan het Hooggerechtshof komen.

Het werkelijk verbijsterende is dat een kwestie die in de negentiende eeuw volledig te voorzien was, het helemaal tot de eenentwintigste eeuw heeft geschopt zonder te worden opgelost. Het zou belachelijk eenvoudig zijn geweest om de toegangskwestie in de oorspronkelijke wetgeving te regelen, maar het enige waar men destijds om gaf, was de financiering van een spoorlijn.

Het nu oplossen van het probleem zou wel eens zeer duur kunnen uitpakken.

Afwijkend gedrag in de praktijk

Ik heb moeite met het lezen van *Power in Megaproject Decision-making* van Jessica Pooi Sun Siva en Thayaparan Gajendran. Vandaag was ik enigszins verbijsterd door de zin: *"De besluitvormingsomgeving van megaprojecten wordt vergeleken met een soort toernooi waarbij overwinning ten minste gedeeltelijk is gebaseerd op het vermogen van de projectteams om afwijkend gedrag te praktiseren."*

Ja, nou ja, het academische vocabulaire is een beetje gespecialiseerd.

In deze context betekent het praktiseren van afwijkend gedrag – of wat ik denk dat het betekent – dat leden van projectteams de formele governance processen op verschillende manieren ontwijken of manipuleren. Als het het project helpt, is het constructief afwijkend gedrag. Als het het project schaadt (in academisch jargon: 'schadelijke gevolgen heeft'), is het destructief afwijkend gedrag.

Afwijkend gedrag omvat blijkbaar het uitwisselen van gunsten, het benutten van professionele geloofwaardigheid, het beheren van de informatiestroom, het omzeilen van hiërarchieën enzovoort.

Wat ik zou noemen: 'zich gedragen als een normaal mens'.

Ik denk dat dit boek het verkeerd om heeft. Het is niet zo dat de bestuursprocessen normaal zijn en de projectteams afwijkend gedrag vertonen.

Wat projectteams doen is normaal menselijk gedrag. Het probleem is dat gewone menselijke interactie niet voldoende is om een megaproject te realiseren, omdat megaprojecten per definitie niet op menselijke schaal zijn. Er zijn te veel mensen bij betrokken, te veel verschillende belangen, te veel complexe raakvlakken, te veel verschillende soorten specialistische expertise.

Om de klus te klaren, moet je kunstmatige bestuursprocessen opleggen om de gewone menselijke interacties in productieve banen te leiden. Commissies, om het projectteam regelmatig toegang te geven tot besluitvormers. Inkoopregels, om iedereen aan de goede kant van de wet te houden. Ontwerpmanagement-processen, zodat alles goed in elkaar past. Projectmanagement-processen, om alles op koers te houden.

En nee, mensen zullen niet ophouden mensen te zijn alleen omdat ze zich hebben aangemeld voor een kunstmatig gover-nance proces. Ze zullen nog steeds gunsten uitwisselen, professi-onele geloofwaardigheid benutten, de informatiestroom beheren en in het algemeen de dingen doen die mensen doen.

Constructief normaal gedrag of destructief normaal gedrag? Het zou beide kunnen zijn.

De echte boodschap om mee te nemen is dat individuele acties ertoe doen. Zelfs bij een megaproject.

DEEL 7

❧

VERTROUWELIJKHEID DOORGESLAGEN

*D*e publieke sector versie van het need-to-know principe: als je iets moet weten, vertellen ze het je niet. En als je het wel weet, mag je het aan niemand anders vertellen.

Wanneer overheidsinstellingen geconfronteerd worden met een verzoek onder de wet openbaarheid van bestuur, is hun eerste reactie vaak om in de lijst met uitzonderingen te kijken of ze een excuus kunnen vinden om de informatie niet te verstrekken. Niet helemaal wat de wetgevers voor ogen hadden.

Deze vertrouwelijkheidsobsessie zou misschien een hoogtepunt in de staat Victoria in 2009 hebben bereikt, toen de overheid een contract afsloot voor een ontziltingsinstallatie.

Het contract bevatte niet alleen een zeer beperkende vertrouwelijkheidsclausule, waarbij elk woord dat de aannemer uitsprak vooraf door de overheid moest worden goedgekeurd, maar de clausule was ook opgenomen in het prestatieregime. Overtreding zou leiden tot een 'korting', wat betekent dat er geld zou worden afgetrokken van betalingen aan de aannemer.

Of deze 'korting' daadwerkelijk afdwingbaar zou zijn geweest tegen de aannemer of dat het zou zijn geschrapt als een boeteclausule, is nooit door de rechter getest.

Maar het doel van een prestatieregime voor megaprojecten zou moeten zijn om prestaties te stimuleren, niet om tegemoet te komen aan de paranoia van de Victoriaanse overheid.

Ik hoop dat ze dergelijke clausules hebben opgegeven, maar ik reken er niet op.

DE EERSTE MEDEWERKER

De periode direct na ondertekening van het contract bepaalt de relatie tussen de partijen. Ongeacht of de contractvorm nominaal samenwerkend is, zal samenwerkend gedrag ieders kansen vergroten om het project op tijd en binnen budget op te leveren.

Dus opdrachtgever en aannemer zouden bij elkaar moeten komen, hierdoor een set waarden en een gedragscode moeten af te spreken. Nee, we gaan niet zonder eerst een gesprek te hebben gevoerd claims en instructies afvuren. Ja, we verbinden ons ertoe problemen snel op te lossen. Al die goede dingen die vertrouwen opbouwen en het project vooruit helpen.

Hang ze aan een muur en houd je aan de afspraak als het moeilijk wordt.

Of niet.

Bij één contract werd de aannemer tijdens de eerste vergadering na contractondertekening gevraagd een lijst te overleggen van de medewerkers die ze zojuist hadden aangesteld voor het project.

Bovenaan de lijst? Een claimsmanager.

Eerste vergadering, bovenaan de lijst.

Het bleek een duidelijk signaal van de waarden en het gedrag van de aannemer. Maar het was niet helemaal wat de opdrachtgever had gehoopt.

Niet doorgaan

Projecten afblazen kan net zo belangrijk zijn als ze goedkeuren.

In mijn spoorwegdagen was ik eens betrokken bij een evaluatie van projecten voor opstelterreinen. De verwachting dat één van de upgradeprojecten in het komende jaar of zo zou worden gestart, had een operationele veiligheidssituatie voor het terrein mogelijk gemaakt die duidelijk suboptimaal was. Prima op tijdelijke basis, maar niet echt een veilige manier van opereren op de lange termijn.

Het werd mij zeer snel duidelijk dat het upgradeproject niet alleen niet in het komende jaar of zo zou plaatsvinden, maar dat het ook geen realistische kans had om ooit te gebeuren.

Gemakkelijk genoeg om aan te pakken. Een veiligheidscontrole, een herziening van de operationele procedures, en het risico voor werknemers op het terrein werd snel teruggebracht tot een aanvaardbaar niveau.

Maar als ik geen aanleiding had gehad om een speciale evaluatie van opstelprojecten uit te voeren, had de verwachting van de upgrade, en de bijbehorende ondermaatse operationele procedures, voor onbepaalde tijd kunnen voortduren. Iemand had kunnen worden gedood.

Mensen zien een investeringsproces als iets dat bepaalt welke projecten doorgaan. Dat klopt. Maar het is vaak net zo belangrijk dat het proces ook duidelijk maakt welke projecten NIET doorgaan.

Als je weet dat een project niet doorgaat, kun je dienovereenkomstig plannen. Maar vastzitten in een limbo kan een gevaarlijke situatie zijn.

SRO afwezig

Als het gaat om megaprojecten, wordt verondersteld dat de SRO de leiding heeft. Maar wat als dat niet zo is?

Het VK en Australië hebben enigszins verschillende definities van een SRO, maar ze komen ongeveer op hetzelfde neer.

De Britse versie: *Senior Responsible Owner*: "de persoon die verantwoordelijk is voor het waarborgen dat een project of programma van verandering zijn doelstellingen bereikt en de verwachte voordelen oplevert."

De New South Wales versie: *Senior Responsible Officer*: "de leidinggevende binnen de organisatie met strategische verantwoordelijkheid en het enige aanspreekpunt voor de algehele verantwoordelijkheid voor een project/programma."

Het Edinburgh Tram-project had beide memo's niet ontvangen. Het begon zonder een SRO. De omissie werd opgemerkt tijdens een evaluatie door het Office of Government Commerce in mei 2006 en er werd een SRO benoemd. Helaas beschouwde hij (of vertelde hij tenminste aan het latere Inquiry naar de projectdebacle dat hij beschouwde) zijn rol als SRO alleen betrekking had op de periode waarin de tram operationeel zou zijn en niet op de bouwperiode.

Niet bepaald behulpzaam.

Rond juni 2009 merkte iemand eindelijk de afwezigheid op van iemand die SRO-taken uitvoerde, en er werd een andere SRO aangesteld. Maar, zoals het Inquiry opmerkte, was de benoemde ongeschikt vanwege zijn positie als voorzitter van **tie**, het uitvoerend agentschap. Aangezien de City of Edinburgh Council (CEC) de eigenaar was van dit project, zou het beter zijn geweest om een SRO van binnen de CEC te hebben, die onder andere gemotiveerd zou zijn geweest om het probleem van onbevredigende rapportage aan te pakken. (Zo onbevredigend zelfs dat het *Inquiry report* een aanbeveling bevatte om te overwegen strafrechtelijke sancties in te voeren voor het misleiden van projectfinanciers.)

CEC benoemde pas in 2011 een SRO, toen er eindelijk betere bestuursregelingen werden getroffen, ongeveer op het moment dat het project voltooid had moeten zijn.

Het duurde nog eens drie jaar voordat de trams reden.

Wanneer de risico-overdracht mislukt...

Het overdragen van risico aan de aannemer werkt niet goed als de aannemer failliet gaat.

Dit gebeurde bij twee van de drie controversiële PPS'en voor de modernisering van de infrastructuur van de Londense metro, die in 2003 werden gegund aan een consortium genaamd Metronet, dat twee Special Purpose Vehicles oprichtte, één voor elk contract.

De technologie van PPP-contracten was toen nog niet zo geavanceerd als nu, en hoewel er zogenaamd veel risico werd overgedragen aan de aannemer, was er geen controle over de voorwaarden van de onderaannemingscontracten.

Alle vijf leden van het consortium hadden contracten om werk uit te voeren voor hun SPV. Dit was op zich geen probleem. Ze hadden immers het consortium gevormd juist omdat ze het werk wilden binnenhalen. Maar na het winnen kenden ze zichzelf onderaannemingscontracten toe die, laten we zeggen, niet volledig op zakelijke afstand waren opgesteld. Eén contract, met de fabrikant van het rollend materieel, werd door de PPS-Arbiter na een wat moeizame start als efficiënt en economisch beoordeeld.

Het echte probleem lag bij de andere contracten, die werden uitbesteed via een andere SPV, Trans4m, eigendom van de vier overige aandeelhouders.

Het contract met Trans4m gaf Metronet zeer weinig handhavingsmogelijkheden – facturen moesten direct bij overlegging worden betaald, zonder recht op inhouding bij prestatiefalen – en er was weinig mogelijkheid om werk elders onder redelijkere voorwaarden uit te besteden. De voorzitter van Metronet werd naar verluidt met juridische stappen bedreigd toen hij probeerde de hoeveelheid werk voor de aandeelhouders te verminderen.

In 2007 lagen hun kosten gezamenlijk ongeveer £2 miljard boven budget. Hoewel Metronet een deel kon claimen als onvoorzien in de aanbestedingen, zou de onafhankelijke PPS-Arbiter kosten toekennen die gemaakt zouden zijn door een aannemer die efficiënt en economisch te werk gaat. Een tussentijdse beoordeling gaf aan dat het te verhalen bedrag minder dan 500 miljoen pond zou kunnen zijn. Het verschil, anderhalf miljard pond, vertegenwoordigt een verbijsterende mate van inefficiëntie.

Metronet ging failliet. Wat een verrassing.

Zover een risico-overdracht. De diensten van de London Underground zijn enigszins cruciaal voor de economie van Londen, dus moest de Britse overheid voor de schade instaan.

Naast de directe kosten, door het National Audit Office geschat op maximaal £410 miljoen, moest 95 procent van de schuldfinanciering van Metronet onmiddellijk door de overheid worden afgelost. Auw. Een niet-geprogrammeerde betaling van £1,7 miljard maakt een deuk in ieders begroting.

Het Ministerie van Financiën was niet geamuseerd.

WAT IS ER TOCH MET VEERBOTEN?

Koppen als 'Veerboot Debacle' verschenen in 2024 in Tasmanië en Nieuw-Zeeland terwijl ze zich bij Schotland voegen om de wereld te laten zien hoe je geen veerboten moet aanschaffen.

Het Schotse debacle dateert uit 2015 met een bestelling van twee veerboten die in 2018 geleverd zouden worden. De aannemer ging failliet en werd genationaliseerd door de Schotse regering, wat de prestaties niet merkbaar verbeterde. Tot nu toe is alleen de eerste veerboot, ongeveer zeven jaar te laat geleverd, in dienst en zullen de uiteindelijke totale kosten minstens vier keer de oorspronkelijke schatting bedragen.

In oktober 2024 verloor Tasmanië een Minister van Financiën, die aftrad na het aanvaarden van de verantwoordelijkheid voor wat in de media is omschreven als 'een monumentale blunder': twee veerboten, $500 miljoen boven budget en vijf jaar te laat. De eerste veerboot is voltooid, maar aangezien er geen aanlegsteiger klaar is om hem te ontvangen, en die er waarschijnlijk niet zal zijn tot ten minste 2027, bracht hij Kerstmis 2024 door in Edinburgh, een tijdelijke ligplaats. De Tasmaanse regering had de hoop de veerboot aan Schotland te verhuren, dat momenteel een veerboot tekort komt (zie vorige paragraaf).

Nieuw-Zeeland was ook bezig met de aanschaf van een paar inter-eiland veerboten, bedoeld voor levering in 2026, maar besloot het contract met de Zuid-Koreaanse scheepswerf begin 2024 te annuleren, tegen kosten geschat op ongeveer een half miljard dollar. Op dat moment werd gesuggereerd dat de veerboten zouden worden vervangen door alternatieven die meer geschikt en goedkoper zouden zijn. Oh kijk, daar vliegt een varken voorbij. Er is nog geen aankondiging gedaan over waar toekomstige veerboten vandaan zouden kunnen komen.

Mensen bouwen al eeuwenlang veerboten. Waarom is het plotseling zo moeilijk?

KLEIN PROJECT, GROOT RISICO

Een voordeel van een megaproject is dat je geen moeite hebt om mensen te overtuigen van de omvang van het risico.

Het is vanzelfsprekend dat alles wat meer dan een miljard kost, grote, angstaanjagende risico's bevat die aandacht vereisen van de C-Suite. Omgekeerd wordt verondersteld dat een project met een klein prijskaartje een laag risico heeft en kan worden toevertrouwd aan een junior projectmanager om zijn tanden in te zetten.

Soms is het prijskaartje een slechte indicator van risico.

Ik herinner me een zeer klein seinproject uit mijn Railtrackdagen in Londen. Het haalbaarheidsonderzoek vorderde goed onder leiding van een slimme maar onervaren projectmanager. Toen het ter goedkeuring werd voorgelegd, was een van de talloze vereiste handtekeningen die van een senior seinbouwkundig ingenieur die vrijwel zijn hele leven bij British Rail had gewerkt.

De goedkeuringspapieren kwamen niet verder dan zijn bureau.

De junior projectmanager werd ontboden. Misschien werd er een dood lichaam genoemd. In elk geval werd hem in niet mis te verstane bewoordingen verteld dat, hoewel zijn project alleen het vervangen van een paar onderdelen in de betreffende seinkamer zou vereisen, de apparatuur in de bewuste seinkamer zeer oud en zeer fragiel was en sommige delen waarschijnlijk uit elkaar zouden vallen bij aanraking, waardoor treindiensten in een aanzienlijk percentage van West-Londen zouden uitvallen.

De ingenieur zou nooit toestaan dat iemand aan de seinkamer zou komen, hoe klein of goedkoop het project ook was, tenzij ze bereid waren het hele ding te vervangen. Het risico was gewoon te groot.

Einde van het kleine project.

RISICO DOOR ONTWERP

Een ingenieur vertelde me een verhaal uit de wat verre dagen van zijn jeugd, toen een van zijn eerste projecten was om een vangrail voor een brug te ontwerpen.

Hij produceerde trots een ontwerp dat bestand zou zijn tegen een impact van de zwaarst mogelijke vrachtwagen die met maximale snelheid reed. Zijn baas keek naar zijn werk en stelde een vraag: 'Als de zwaarst mogelijke vrachtwagen de vangrail met maximale snelheid zou raken, wat zou er dan met de brug gebeuren?'

De ingenieur wist het antwoord op die vraag niet, dus ging hij weg en maakte de berekeningen. Oh. En inderdaad ah. De impact zou ervoor zorgen dat de hele brug zou instorten.

Beschaamd herontwierp hij de vangrail.

Ja, in het ergste geval zou de vrachtwagen door de vangrail heen het ravijn in gaan. Maar hoewel het een ernstig slechte uitkomst zou zijn voor die specifieke vrachtwagenchauffeur, zou het een veel betere uitkomst zijn voor alle anderen.

NETTO CONTANTE WAARDE

Netto contante waarde is een nuttig concept voor het evalueren van megaprojecten, maar het heeft zijn beperkingen.

Geld wordt verondersteld een rendement te genereren, dus het maken van kosten nu betekent dat je het voordeel van dat rendement onmiddellijk verliest. Het later maken van kosten betekent dat je in de tussentijd het voordeel van het rendement hebt. De contante waarde van kosten die later worden gemaakt, wordt berekend door een disconteringsvoet toe te passen, die varieert afhankelijk van het veronderstelde rendement. Op dezelfde manier is omzet nu meer waard dan omzet later. Dezelfde disconteringsvoet wordt toegepast op toekomstige inkomsten om de contante waarde ervan te bepalen.

De NCW (Netto Contante Waarde) van een project is simpelweg de contante waarde van de verwachte inkomsten minus de contante waarde van de verwachte kosten. Een positieve NCW betekent dat het project winstgevend zal zijn (aangenomen dat de kosten- en inkomstenprognoses accuraat waren). Een negatieve NCW betekent dat de Schatkist er niets mee te maken wil hebben.

Waar ik nooit mijn hoofd omheen heb kunnen krijgen, is waar het ding zelf in dit verhaal past. Afhankelijk van de disconteringsvoet zullen de inkomsten na vijftig jaar zijn gedisconteerd tot nul. De Sydney Harbour Bridge bestaat al bijna twee keer zo lang. De meeste bruggen in Londen zijn meer dan 100 jaar oud, sommige zelfs veel ouder. De Pons Fabricus in Rome is na meer dan tweeduizend jaar nog steeds in gebruik. Is dat niets waard?

En wat te denken van de waarde van een transportcorridor? Veel Romeinse wegen zijn vandaag de dag nog steeds in gebruik, waarbij de tracés zijn overgenomen als onderdeel van het moderne wegennetwerk. Na de Beeching-bezuinigingen in het VK in de jaren '60 werden sommige overtollige spoorlijnen omgevormd tot wegen, maar andere werden volgebouwd. Hoe graag sommige gemeenteraden die verdwenen lijnen ook zouden willen herstellen, de kosten zijn prohibitief geworden omdat de transportcorridor verloren is gegaan.

NCW is een waardevol instrument. Maar het meet niet alles.

DE RODE KNOP

Je governance structure is als de rode knop op de fabrieksvloer.

Wat is de rode knop? Dat is degene die elke werknemer aan de lijn kan indrukken om de productie te stoppen als er een probleem is met de kwaliteit. De eerste exemplaren in Japan waren trekkabels, maar waarschijnlijk is iedereen nu overgegaan op knoppen. Het is een belangrijk onderdeel van een Total Quality Management-systeem.

Executives zien de governance structure van een megaproject vaak als iets dat er is om hen toezicht te geven. Een controlefunctie.

Wat in zekere zin waar is. Maar de governance structure is er niet alleen om ervoor te zorgen dat berichten van bovenaf helemaal naar beneden komen. Als de CEO wil weten wat er ergens in de organisatie gebeurt, heeft hij geen governance structure nodig, hij kan zijn kont van zijn stoel halen en gaan kijken.

De medewerker aan de lijn heeft daarentegen geen toegang tot het kantoor van de CEO om erachter te komen of het probleem dat ze probeerden te melden is opgemerkt door iemand die in staat en bereid is om er iets aan te doen. Als je governance structure geen manier heeft waarop zaken op het grondniveau naar de C-Suite kunnen worden geëscaleerd, doet deze zijn werk niet.

Maar het is niet voldoende om een rode knop te hebben. De Amerikaanse bedrijven die in de jaren '80 de Japanse TQM-systemen probeerden te kopiëren, schoten grotendeels tekort. Geen verrassingen daar. Werknemers drukken niet op een rode knop tenzij ze weten wat er zal gebeuren. En als het antwoord a) niets is of b) de boodschapper zal worden neergeschoten, wordt de knop nooit ingedrukt.

Dus ja, je governance structure is als de rode knop op de fabrieksvloer.

Nutteloos als niemand bereid is om erop te drukken.

HET IS GEEN HARDWAREPROBLEEM

Ik zag onlangs een mediabericht over een CEO die tijdens een town hall-bijeenkomst met werknemers probeerde te overtuigen dat problemen met de bedrijfscultuur niet bij het topmanagement lagen. Het probleem was volgens hem managers op lager niveau en HR-medewerkers die nalieten om beschuldigingen van seksuele intimidatie en pesten te escaleren.

Het deed me denken aan een ontmoeting met een computer-programmeur tijdens mijn middelbare schooltijd. Ik kan me op deze afstand niet herinneren wie hij was (we hebben het over 50 jaar geleden), maar hij had een van de eerste computers geprogrammeerd. Zo vroeg, dat het werkte op elektrische buizen. Wanneer een programma niet goed werd uitgevoerd, was zijn eerste taak om rond te lopen en op alle buizen te tikken om te controleren of ze nog functioneerden, omdat een doorgebrande buis de meest waarschijnlijke verklaring was.

Het moet geruststellend zijn voor een CEO om te denken dat het probleem daar beneden ligt bij de elektrische buizen die hun werk niet doen.

Maar tegenwoordig, zoals elke programmeur weet, als je programma niet werkt, is de kans dat het probleem in de hardware zit verwaarloosbaar klein – de fout zit in de manier waarop je het programma hebt geschreven.

CEO's, let op.

HET VERSCHIL OPMERKEN

Toen ik aan het Waratah-project werkte, waarbij we nieuwe treinen kochten voor het spoorwegnetwerk van Sydney dat toen werd beheerd door RailCorp (nu Sydney Trains), wisten we dat we een grote verandering voor de organisatie teweegbrachten. Als je een contract van een miljard dollar tekent, staat je bedrijf op het punt een miljard dollar aan veranderingen te ondergaan.

Soms op manieren die je niet verwacht.

Ongeveer een derde van de elektrische vloot zou in een relatief kort tijdsbestek worden vervangen. Duizenden machinisten en conducteurs zouden moeten worden opgeleid om de nieuwe treinen te bedienen. De dienstregeling voor passagiers zou herschreven worden om rekening te houden met de superieure acceleratie- en remkarakteristieken van de nieuwe treinen. De werkdienstregeling zou worden herschreven om verschillende onderhoudscycli en locaties te accommoderen. Er was een grote herstructurering van het onderhoudspersoneel. Nieuwe infrastructuur ter ondersteuning van de treinen – opstelterreinen, een onderhoudsinstallatie, onderstations – zou moeten worden onderhouden. De oude treinen zouden moeten worden afgevoerd.

Het project om de organisatie te veranderen was net zo groot als het project om de treinen te produceren.

En toen was er de verandering waar we niet aan dachten.

Nou, oké, uiteindelijk dachten we eraan, en gelukkig nog op tijd om het op te lossen, maar het kostte ons even.

De treinen die werden verschroot, de oude S-Sets, waren degene die werden gebruikt om nieuwe machinisten en conducteurs op te leiden. Iedereen leerde eerst op een S-Set. Wanneer ze voldoende ervaren waren, konden ze vervolgens met andere treintypen gaan werken, zoals de Tangara.

Dat betekende dat al het trainingsmateriaal en cursussen voor de rest van de vloot ervan uitgingen dat het personeel al de vaardigheden en kennis had die ze zouden hebben opgedaan door met de S-Sets te werken. Het waren conversiecursussen, geen cursussen om nieuw personeel vanaf nul op te leiden.

Dus hoe zouden we nieuw personeel opleiden als alle S-Sets weg waren?

Een eenvoudige vraag, als je het eenmaal hebt gesteld. Maar het duurde even voordat we de vraag stelden.

Verborgen voordeel van een PPS

Het mooie aan een Publiek-Private Samenwerking (PPS) is dat er geen behoefte is aan van tevoren bepaalde vertragingsboetes.

Ik bedoel, het kan wel, maar waarom zou je?

Zulke vertragingsboetes zijn lastig. Ja, ze kunnen een zeer effectieve stimulans zijn voor een aannemer, maar er zijn nadelen.

Een daarvan is dat je moet aantonen dat de te betalen of af te trekken bedragen een oprechte voorafgaande schatting zijn van het geleden verlies in geval van vertraging, anders zijn de vertragingsboetes niet afdwingbaar. Schatten is zelden eenvoudig en vertragingen kunnen de kosten zelfs *verlagen*, omdat iets nieuws met nieuwe voordelen kan leiden tot hogere operationele kosten die niet worden gemaakt als de oplevering vertraagd is.

De juristen kunnen daar vaak wel omheen werken, maar één

ding waar ze niet omheen kunnen, is dat als er een bepaling voor vertragingsboetes is, er ook een bepaling moet zijn die tijdsverlenging toestaat wanneer de vertraging niet aan de aannemer toe te schrijven is. Dit is vermoeiend om te beheren en is meestal een vruchtbare bron van geschillen.

Een minder voor de hand liggend probleem is dat het afdwingen van vertragingsboetes een beslissing is die op het relevante moment moet worden genomen. Wanneer een megaprojectcontract wordt ondertekend, zwaait de verantwoordelijke minister waarschijnlijk met de vertragingsboeteclausule om te laten zien dat zij streng kunnen optreden tegen een ondermaats presterende aannemer. Diezelfde minister verstopt zich meestal achter de deur wanneer het er daadwerkelijk op aankomt een contract af te dwingen tegen een grote lokale werkgever die klaagt over armoede en dreigt met baanverlies in marginale kiesdistricten.

Maar een PPS? Geen zorgen. Het financieringsplan voor een PPS geeft aan dat de lening wordt maximaal gebruikt op ongeveer hetzelfde moment als de oplevering van het project. Als de beschikbaarheidstermijnen niet worden overgemaakt omdat de aannemer te laat is, zorgt de verschrikkelijke rentelast voor een dagelijkse stimulans die net zo groot is als alle vertragingsboetes die je zou kunnen rechtvaardigen.

Wat moet de Minister doen? Helemaal niets. Altijd een gemakkelijke vraag.

GOEDE PRAKTIJKEN UIT HET RAAM GOOIEN

Portcullis House, een terreurbestendig gebouw dat eind jaren 90 voor het Lagerhuis in Westminster werd gebouwd, omvatte wat in de daaropvolgende rechtszaak werd omschreven als 'waarschijnlijk het duurste raamwerk ooit".

De aanbestedingsdocumenten voor het raamwerksysteem (d.w.z. de ramen) bevatten een ongelukkige omissie.

Geen evaluatiecriteria.

Het vooraf publiceren van de evaluatiecriteria zou vanzelf-sprekend moeten zijn. Los van elke overweging van eerlijkheid, hoe zullen inschrijvers weten wat ze je moeten aanbieden als ze niet weten waarop je je beslissing gaat baseren?

De verliezende inschrijver had de laagste prijs geboden en klaagde de Corporate Officer van het Lagerhuis aan voor het niet toekennen van het contract aan hen.

Het Lagerhuis verloor. Het kon de rechtbank er niet van overtuigen dat de inschrijvers de andere evaluatiecriteria hadden kunnen afleiden uit de gevraagde informatie.

Niet bijzonder verrassend. De rechtbank stelde ook vast dat het projectteam het nooit eens was geworden over wat de criteria waren. Als zelfs het projectteam het niet wist, hoe kon de arme inschrijver het dan uitvogelen?

Corporatieve belangenverstrengeling

Belangenconflicten gebeuren niet alleen bij individuen, ze gebeuren ook bij bedrijven – en het kan zeer slecht nieuws zijn voor een project. Getuige het tramproject van Edinburgh: drie jaar te laat en meer dan 40% over budget om een lijn op te leveren die twee kilometer voor de oorspronkelijk beoogde bestemming eindigt.

De organisatie met het belangenconflict was in dit geval **tie**, die in 2002 werd opgericht als een bedrijf volledig in eigendom van de gemeenteraad van Edinburgh (CEC) om het geplande schema voor congestieheffing te beheren en de fondsen van dat schema te gebruiken om verschillende transportprojecten uit te voeren, waaronder een tramnetwerk voor de stad.

De dingen liepen niet helemaal zoals gepland. De congestie-heffing werd geschrapt, net als de spoorverbinding met Edin-burgh Airport, en de Schotse Ministers trokken **tie** terug uit zijn managementfuncties in de spoorweg Stirling-Alloa-Kincardine.

Tegen eind zomer 2007 was het tramproject het enige dat nog over was in de portefeuille van **tie**. Als dat ook niet zou doorgaan, was **tie** ten dode opgeschreven.

De beslissing van CEC om door te gaan met het project was volledig afhankelijk van de kostenprognoses en risicobeoordelingen van **tie**. Aangezien het voortbestaan van **tie** en de banen van iedereen daarin afhankelijk waren van het doorgaan van het project, zou het niet verrassend zijn als deze een tikkeltje optimistisch waren.

Uiteindelijk waren ze zo flagrant en onrechtvaardig optimistisch dat de daaropvolgende *Commission of Inquiry* aanbevelingen deed waarin niet alleen de Schotse Ministers werd gevraagd civiele procedures te overwegen tegen personen die misleidende informatie aan lokale overheden verstrekten, maar ook om de invoering van een wettelijk strafbaar feit te overwegen.

Gezien het achteraf-duidelijke conflict had CEC een onafhankelijke beoordeling moeten zoeken van de kosten- en risicoinformatie die ze ontvingen.

Maar dat deden ze niet.

DE DOELSTELLINGEN BEGRIJPEN

Als je het waarom niet kent, zul je het hoe verknoeien.

Er was ooit een Brits bedrijf dat graag belasting wilde vermijden. De accountant stelde voor om te werken via een bedrijf op de Kaaimaneilanden. Het enige probleem was dat vergaderingen, inclusief de jaarlijkse algemene vergadering, op de Kaaimaneilanden moesten worden gehouden, anders zou de belastingontwijkingsconstructie ongeldig worden verklaard.

Wat de voorzitter betreft, was dit geen bug, maar een feature. Hij was dol op duiken. Dus elk jaar gingen de directeuren naar de Caraïben voor zon en duiken en hielden ze de algemene vergadering ergens tussen de martini's door.

En toen ging de voorzitter met pensioen.

Tegen die tijd was, voor zover iemand in het bedrijf besefte, de liefde van de voorzitter voor duiken de enige reden om de algemene vergadering op de Kaaimaneilanden te houden.

Dus toen de nieuwe voorzitter een voorkeur voor golf uitsprak, hielden ze de algemene vergadering in St Andrews.

Slechte zet.

DEEL 8

❦

BETALEN VAN INSCHRIJVINGSKOSTEN

Het echte probleem bij inschrijvingskosten voor megaprojecten is niet of de opdrachtgever ze zou moeten betalen of niet, maar waarom ze in de eerste plaats zo hoog zijn.

Helaas denk ik dat het grotendeels te wijten is aan het gedrag van opdrachtgevers. Enkele slechte maar helaas niet ongebruikelijke praktijken:

- Het tijdschema of de eisen zonder voorafgaande kennisgeving te wijzigen, waardoor inschrijvers onnodige voorbereidingskosten maken.
- Onnodige informatie vereisen, zodat inschrijvers betalen om zaken te leveren die geen invloed hebben op de aanbestedingsbeslissing.
- Te veel inschrijvers op de shortlist zetten, waardoor de totale kosten stijgen.

- Eindeloos doen over het nemen van beslissingen en het beantwoorden van vragen, zodat dure inschrijvingsteams lang moeten wachten.
- Onverdedigbare contractvoorwaarden of risicoverdeling voorstellen, zodat inschrijvers juridische kosten maken om bezwaar te maken tegen iets dat in de eerste plaats nooit had mogen worden voorgesteld.

Zelfs als de opdrachtgever de inschrijvingskosten niet vooraf betaalt, betalen ze vroeg of laat toch de rekening, omdat hogere kosten hogere prijzen betekenen.

Waarom die kosten hoger maken dan nodig?

KLAAR OM UIT TE VOEREN PROJECTEN

Als het gaat om transportprojecten, wat is dan het verschil tussen keizer Nero en John "Two Jags" Prescott?

Nero gebruikte een pikhouweel.

John Prescott, destijds de Britse vicepremier, stak de eerste graszoden uit de grond voor de aanleg van de hogesnelheids-spoorlijn van Londen naar de Kanaaltunnel in 1999 met een speciaal gegraveerde schop, die aan hem werd overhandigd.

Keizer Nero begon ook met de aanleg van een nieuwe trans-portverbinding, in zijn geval het Kanaal van Korinthe, maar hij gebruikte een pikhouweel. De eerste emmer puin werd gevuld in het jaar 67. De geschiedenis vermeldt niet of het pikhouweel achteraf speciaal gegraveerd en aan de keizer aangeboden werd, maar het is het soort gebaar dat Nero zou hebben gewaardeerd.

Prescott's project verliep heel wat beter dan dat van Nero. Het eerste deel van de Channel Tunnel Rail Link werd voltooid in 2003, slechts 4 jaar na het begin van de bouw. Het Kanaal van Korinthe werd uiteindelijk voltooid in 1893, meer dan 1.800 jaar nadat Nero het pikhouweel had gehanteerd.

En jij dacht dat jouw project vertraging had.

PROCESVEILIGHEID

De olieraffinaderij-ramp in Texas in 2005 (15 doden, meer dan 170 gewonden) biedt een schoolvoorbeeld van het verschil tussen persoonlijke veiligheid en procesveiligheid – en waarom het zorgen voor persoonlijke veiligheid niet voldoende is.

Het daaropvolgende Baker-rapport gaf een duidelijke definitie van de twee soorten gevaren, geciteerd in Andrew Hopkins' uitstekend boek *Failure to Learn: The BP Texas City Refinery Disaster*:

'*Persoonlijke* of *arbeidsveiligheidsgevaren* leiden tot incidenten – zoals uitglijden, vallen en voertuigongevallen – die per keer voornamelijk één individuele werknemer treffen. *Procesveiligheidsgevaren* kunnen leiden tot grote ongevallen waarbij potentieel gevaarlijke materialen vrijkomen, energie vrijkomt (zoals bij branden en explosies), of beide.'

De directe oorzaak van de ramp was het overvullen van een distillatiekolom, waardoor een geiser-achtige uitbarsting van vloeibare petroleum uit de bovenkant van de kolom ontstond, die een dampwolk creëerde die ontbrandde in een enorme explosie. Er was een hele reeks procesveiligheidsproblemen, zowel in hoe het overvullen kon plaatsvinden als waarom de gevolgen zo ernstig waren toen het gebeurde.

De tragische ironie is dat er een half uur eerder een bijeenkomst in de controlekamer was geweest. Het management van de fabriek wilde feest vieren. Een 35-daagse onderhoudsperiode voor twee andere procesinstallaties op de locatie was net afgerond zonder een enkel te rapporteren letsel en met slechts twee EHBO-behandelingen. Een echte prestatie op het gebied van arbeidsveiligheid. Goed gedaan.

Tien minuten nadat de bijeenkomst was afgelopen: boem. Vijftien doden.

Referenties controleren

Het nalaten van het controleren van referenties is zeer slechte praktijk. Negatieve referenties negeren grenst aan zelfmoord.

Een belangrijk probleem bij de Queensland Health loonstrookdebacle in 2010 was de zeer schadelijke rol die werd gespeeld door een individuele contractant bij CorpTech, een afdeling van Financiën die het project namens Queensland Health beheerde.

Hij werd oorspronkelijk, zonder enig concurrerend proces, ingehuurd om een beoordeling van het project uit te voeren. Zijn beoordeling adviseerde de creatie van een machtige positie waarvoor hij vervolgens zichzelf liet benoemen, opnieuw zonder enig concurrerend proces.

Verbazingwekkend genoeg werd de benoeming gedaan ondanks het feit dat het bedrijf dat hem eerder had ingehuurd expliciet schriftelijk weigerde om enige aanbeveling te geven.

De contractant ging vervolgens over tot wat in de woorden van het latere rapport van de Commission of Inquiry '*uitbundige indiscretie*' werd genoemd". Hij moedigde de invoering van een 'hoofdaannemer'-model voor het project aan en nam de facto de controle over het evaluatieproces om de hoofdaannemer te selecteren. Vervolgens greep hij op ongepaste wijze in, wat leidde tot een herbeoordeling van scores waardoor het contract kon worden gegund aan een inschrijver die niet had mogen worden aangesteld.

De mislukking van de daaropvolgende implementatie van het nieuwe salarissysteem werd door de latere *Commission of Inquiry* beschreven als '*catastrofaal*".

Er waren natuurlijk ook andere factoren. Eén individu, hoe uitbundig zijn indiscretie ook mag zijn, is zelden de enige oorzaak van een catastrofe. Maar het negeren van een negatieve referentie zal nooit een goede zet zijn.

DE TIMING VAN GESCHILLEN IS NOOIT GUNSTIG

Geschillen bij megaprojecten doen zich altijd voor op het meest ongelegen moment. Dat is geen voorbeeld van de wet van Murphy, maar gewoon hoe het werkt.

Terwijl de bouw nog in volle gang is, hopen partijen meestal op een onderhandelde schikking en zijn beide wanhopig om de constructie af te ronden. De opdrachtgever omdat de behoefte aan de infrastructuur steeds dringender wordt, en de aannemer omdat ze willen stoppen met geld uitgeven waarvan ze niet meer zeker zijn dat ze het kunnen terugverdienen. Pas wanneer de infrastructuur operationeel is, komen de dagvaardingen binnen.

Wanneer dat gebeurt, komen de advocaten massaal opdagen en beginnen ze bewijsmateriaal te verzamelen om de claims te ondersteunen of te verdedigen.

Maar waar is het bewijs? Ja, er is een berg papierwerk, maar cruciale informatie zit altijd in de hoofden van het projectteam. Ze moeten dagen doorbrengen met advocaten om hun verklaringen op te stellen, en daarna zijn ze nodig om te getuigen in de arbitrage.

Ze zijn nodig - maar ze zijn er niet.

Als de bouw klaar is, verdwijnen projectteams. Zeker van het project, vaak van het bedrijf, soms zelfs uit het land. Ze zullen waarschijnlijk helemaal geen getuigenis afleggen zonder dat hun een vrijwaring wordt aangeboden, en ze hebben geen interesse in het opnieuw beleven van oude geschillen. Ze zijn verder gegaan. Er is niemand om de dossiers te interpreteren. Beslissingen over het verloop van de arbitrage moeten worden genomen door mensen die weinig of geen betrokkenheid hadden bij het project in de eerste plaats.

Iedereen die een grote arbitrage heeft doorgemaakt - en ik bedoel echt doorgemaakt - zal je vertellen dat het een enorm veel tijd en geld opvreet. Kosten van 1 miljoen dollar per maand voor elke betrokken partij zijn geenszins ongehoord, en ze kunnen jaren duren. En jaren.

Het is ongetwijfeld geen toeval dat de impuls om Dispute Avoidance Boards te adopteren - die een uitstekende staat van dienst hebben in het voorkomen van geschillen bij grote projecten - vaak onmiddellijk na een grote arbitrage of rechtszaak ontstaat. 'We gaan *DAT* nooit meer meemaken,' is een volkomen rationele reactie.

Het is alleen jammer dat zoveel mensen eerst door een groot geschil heen moeten voordat ze de waarde van het vermijden ervan begrijpen.

Een business case

Het voelt misschien niet altijd zo, maar een business case is geen formulier dat je invult, het is een overtuigende reden om een project uit te voeren.

Een presentator van de New South Wales Treasury reageerde ooit op een klacht over hoe Treasury projecten bleef afwijzen en er eeuwig over deed. (Waarschijnlijk een regelmatig voorkomend fenomeen, nu ik erover nadenk, maar het incident waar ik aan denk was ongeveer tien of vijftien jaar geleden.)

De reactie van de presentator was in essentie: 'Nee, we kunnen vrij snel met het geld komen als u met een business case komt.' Ze wees naar mij en noemde een van mijn projecten als voorbeeld.

Ik vond het grappig, want voor dat specifieke project had ik helemaal geen formele business case ingediend.

Ik werkte aan een vlootstrategie voor de gemeentelijke spoorwegen van Sydney, waarin ik uitwerkte hoeveel treinen er nodig zouden zijn en waar en hoe ze gestald en onderhouden zouden worden. Heel laat in het proces werd me verteld dat de instantie die bezig was met een uitbreiding van de spoorweg op het punt stond een aanbesteding te doen voor een opstelterrein. Het uitbreidingsteam was niet betrokken geweest bij de strategieont-wikkeling en hun business case dekte slechts ongeveer de helft van het aantal opstelterreinen waarvan we nu wisten dat ze binnen vijf jaar nodig zouden zijn.

Dus ik rende eigenlijk naar Treasury en zei alsjeblieft, alsje-blieft, alsjeblieft laat de instantie een optie in de aanbesteding opnemen om de andere helft van het opstelterrein te bouwen, want het zal ongeveer 50 miljoen dollar goedkoper zijn als we alles in één keer doen.

En Treasury, die altijd blij is om 50 miljoen dollar te besparen, zei ja.

Had ik een business case-formulier ingevuld? Nee.

Had ik een verdomd goede business case? Ja.

En dat is wat telt.

Escaleren of niet escaleren

We zullen allemaal proberen een klant te ontmoedigen iets stoms te doen. Het is wat moeilijker als ze het al gedaan hebben.

In de InterCity West Coast franchise-zaak uit 2012 infor-meerde het Britse Ministerie van Transport de bieders over het bedrag van de achtergestelde leningfaciliteit dat elk zou moeten verstrekken indien succesvol in de aanbesteding voor het fran-chisecontract van £5,5 miljard. De bedragen werden berekend met een proces dat niet overeenkwam met het eerder aan de bieders gegeven advies.

De externe advocaten waren niet vertegenwoordigd bij de vergadering waar de berekeningen werden gemaakt. De hoofd-advocaat kwam er pas achter nadat de bedragen al aan de bieders waren meegedeeld en uitte inderdaad zijn bezorgdheid zowel bij de projectteamleider als apart bij de interne advocaat. De bezorgdheid lijkt in relatief milde bewoordingen te zijn geuit en niemand heeft de kwestie binnen het Ministerie geëscaleerd.

De externe advocaten kwamen tot de conclusie dat de kwestie

was afgesloten en dat het 'niet behulpzaam' zou zijn om verder advies te geven.

Verkeerde beslissing. De verliezende bieder spande een rechtszaak aan en het hele aanbestedingsproces moest worden geannuleerd.

Advocaten verdienen veel geld met het adviseren van overheden en willen graag gezien worden als helpers in plaats van probleemmakers. Ze zijn zich er terdege van bewust dat hun advies soms ongelegen komt en ook dat adviseurs wiens advies te ongelegen komt, misschien niet meer welkom zijn.

De taak voor de cliënt is om een relatie op te bouwen met de advocaten die hen aanmoedigt om hun hand op te steken wanneer je er een complete puinhoop van hebt gemaakt.

Beter om het nu van hen te horen dan het later in de dagvaarding te lezen.

Weet je wat?

Ik heb nooit helemaal begrepen waarom mensen zich zo bedreigd voelen door de uitdrukking 'Het gaat er niet om wat je weet, maar wie je kent.'

Dit is geen uiting van kwaadaardigheid, het is normaal sociaal gedrag. Een beslissing wordt niet genomen door een wat, maar door een wie.

Oké, aandacht krijgen van de wie kan zeker een probleem zijn, vooral voor degenen die beginnen vanuit een achterstandspositie. Er zijn poortwachters bij de deur van het kantoor van de wie, en de poortwachters geloven misschien niet dat je de wat hebt. Grotendeels omdat, vanuit hun enigszins cynische ervaring, de wereld vol zit met wat-loze individuen met waanideeën over hun eigen relevantie.

Als je genoeg wat hebt, zijn de wie eigenlijk best graag bereid met je kennis te maken.

Als je erover nadenkt, is de hele governance structure van een megaproject ontworpen met dat doel.

De commissies en raadplegingen betrekken elke wie bij het proces, en de vergaderingen, de projectrapporten, de vroegtijdige waarschuwingsberichten in contracten en alle andere manifestaties van governance zijn er om ervoor te zorgen dat de wie de juiste aandacht besteden aan de wat.

Werkt natuurlijk niet altijd perfect. Maar dat is waar het governance systeem voor is: om ervoor te zorgen dat de wat wordt voorgesteld aan de wie.

Regel voor een succesvol IT-project

Praktische voltooiing is niet de dag waarop het nieuwe systeem live gaat. Het is de dag waarop het oude systeem dood gaat.

Laten we eerlijk zijn, je investeert normaal gesproken niet in een nieuw IT-systeem om een nieuwe onderneming te starten. Je doet het om de bestaande onderneming beter te laten functioneren. Je zult de productiviteits- en kwaliteitsvoordelen van nieuwe bedrijfssoftware niet krijgen als mensen de oude bedrijfssoftware ernaast blijven gebruiken – of nog erger, in plaats daarvan.

Het topmanagement is zelden geïnteresseerd in wat er gebeurt na de praktische voltooiing. Zodra een nieuw systeem operationeel is, beschouwen ze de klus als geklaard en richten ze zich op andere zaken, waardoor een uitgedund projectteam de losse eindjes moet afhandelen.

Het uitschakelen van het oude systeem is geen los eindje. Het is de hele bedoeling van de oefening. Als de focus van het management verschuift voordat dat is gedaan, is de klus niet af. Een zwaar beproefde IT-afdeling blijft legacy software ondersteunen totdat het niet zozeer 'legacy' als wel 'erfgoed' is. Bedrijfssystemen gaan niet dood tenzij je ze doodt.

Structureer een IT-project niet rond wat je moet doen om het nieuwe systeem aan te zetten. Structureer het rond wat je moet doen om het oude systeem uit te zetten.

Open voor zaken?

Een Werkdag is niet altijd wat je denkt dat het is.

In Australië valt Kerstmis in de zomer. Het hele land is min of meer gesloten voor niet-toeristische zaken van Kerstavond tot Nieuwjaarsdag en de schoolvakanties duren tot na de nationale feestdag Australia Day op 26 januari.

Sluwe aannemers staan erom bekend grote hoeveelheden documenten of producten af te leveren net voor 17.00 uur op Kerstavond, in de hoop dat de beoordelingsperiode die in het contract is vastgelegd, zal zijn verstreken voordat iemand het opmerkt.

Om dit te voorkomen bij de Waratah-treinaanbesteding, hebben we de definitie van Werkdag herschreven om de hele periode van de maandag voor Kerstmis tot de vrijdag na Nieuwjaar uit te sluiten, zodat de klok tijdens de pauze stopte.

Het werkte heel goed, dus we namen een soortgelijke bepaling op in het volgende contract dat we uitgaven.

Helaas merkte de aannemer dit volledig niet op en werd ernstig verrast in hun planning doordat ze geen rekening hielden met de langere ontwerpbeoordelingsperiode.

36 uur

Dat is hoe lang het duurde om duizenden kilometers spoor in het zuiden van de VS om te bouwen van 5'0" naar 4'9".

In februari 1886 kwamen de verschillende exploitanten bijeen en kwamen overeen dat de spoorwijdte zou worden gewijzigd op 31 mei en 1 juni.

Om dat mogelijk te maken, werd slechts één rail verplaatst. De binnenste spijkers werden van tevoren op de nieuwe posities geslagen, klaar voor de laatste klappen van de voorhamer wanneer de rail werd verplaatst. Vlak voor de omschakeling werden op bepaalde afstanden spijkers uit de rail getrokken om het aantal dat op de dag zelf moest worden verschoven te verminderen.

Een paar dagen voor 31 mei begonnen de exploitanten wagons van hun lijnen te verwijderen en de spoorwijdte aan te passen in delen van het spoor die konden worden vrijgemaakt.

Een deel van het rollend materieel werd vooraf voorbereid door de assen op de nieuwe spoorwijdte te bewerken en een speciale ring aan de binnenkant van het wiel te plaatsen om het op de bredere spoorwijdte te houden tot aan de omschakeling. Op de dag zelf werd het wiel eraf gehaald, de ring verwijderd en het wiel teruggeplaatst.

Net als bij het spoor kon een deel van het rollend materieel worden omgebouwd in de dagen voorafgaand aan de omschakeling. Maar er was nog steeds een enorme hoeveelheid werk te doen. Draaibanken en bemanningen waren op verschillende punten in het Zuiden gestationeerd om het rollend materieel om te bouwen tijdens de laatste push op het spoor.

Het hele project werd uitgevoerd met bijna geen verstoring van het treinverkeer.

Verbazingwekkend wat je in 36 uur kunt bereiken.

Opmerking voor spoorwegliefhebbers: de verwijzing naar 4'9" was geen typefout. Ze kozen voor 4'9" omdat dit de spoorbreedte was van de drukke Pennsylvania spoorlijn. Standaard rollend materieel (4'8½") kon nog steeds rijden op het iets bredere spoor. De uiteindelijke conversie naar standaard spoorbreedte werd enkele jaren later gerealiseerd tijdens gepland onderhoud.

Uitvoeren met het B-team

Bieden met het A-team, uitvoeren met het B-team. Het is vervelend voor de klant.

Maar het kan net zo vervelend zijn voor de aannemer wanneer de overheid met haar eigen B-team komt nadat contracten zijn ondertekend.

Waarom eisen inschrijvers geen beperkingen voor sleutel-functionarissen?

De overheid zal bijna altijd proberen te voorkomen dat de aannemer wegkomt met ondermaatse prestaties door beperkingen voor sleutelfunctionarissen in contracten op te nemen. Het werkt nooit perfect, maar het vereisen van vergelijkbare kwalificatie- en ervaringsniveaus geeft tenminste enige invloed op de selectie van vervangers wanneer sleutelpersoneel het project verlaat.

Aannemers eisen nooit hetzelfde van de overheid. Toch kan het contractmanagementteam van de overheid een enorme bijdrage leveren aan het succes of falen van het project. Vaak gaat het evenveel om het managen van overheidsstakeholders als om het beheren van het contract.

Waarschijnlijk zou de overheid niet met zo'n bepaling instemmen. Helaas is een van de redenen waarom ze misschien niet instemmen dat ze soms pas na ondertekening van het contract nadenken over een team om het contract te beheren, zodat er sowieso geen sleutelfunctionarissen zijn om aan het project te binden, misschien zelfs geen functiebeschrijvingen met minimale kwalificatie- en ervaringsniveaus.

Slechte zet. De kwaliteit van het contractmanagementteam doet ertoe.

Hetzelfde verschil

Er is een verontrustende parallel tussen Australië's Inland Rail project en Californië's hogesnelheidsrailproject.

Geen van beide heeft uitgewerkt of ze de moeilijke delen kunnen realiseren.

Californië probeert een hogesnelheidsverbinding te creëren

tussen Sacramento en San Francisco in het noorden en Los Angeles en San Diego in het zuiden. Er zijn twee belangrijke technische problemen die nog niet zijn opgelost: hoe door het Tehachapi-gebergte te komen aan de kant van Los Angeles en hoe door de Pacheco Pass te komen aan de kant van San Francisco.

Er is geschat dat het doorbreken van deze twee knelpunten bijna 80% van de totale geschatte kosten van het project zal uitmaken. (Dat is 80% van een bedrag dat sinds 2008 is gestegen van $33 miljard naar $128 miljard.)

Ooit zullen ze misschien uitvinden hoe ze dit moeten doen. In de tussentijd gaat de bouw door aan het middenstuk, van Bakersfield in het zuiden tot Merced in het noorden.

Nee, ik had er ook nog nooit van gehoord.

De verwachte kosten voor dat gedeelte bedragen $35 miljard. Ja, meer dan de oorspronkelijke totale kosten. Voor het leveren van een spoorverbinding die niet alleen veel korter is, maar ook vrijwel nutteloos zonder de noordelijke en zuidelijke aansluitingen. Hoera team.

Australië's Inland Rail project heeft een vergelijkbaar probleem, hoewel gelukkig niet op dezelfde schaal. Het bouwt een goederenspoorverbinding tussen Brisbane en Melbourne. Maar ze begonnen met het middenstuk zonder te weten waar ze de terminals aan de noordelijke en zuidelijke uiteinden zouden plaatsen.

Dit is grotendeels een planningsprobleem in plaats van een technisch probleem, maar de ingenieurs kunnen geen geloofwaardige kostenramingen maken als ze niet weten waar de terminals zullen komen.

De schatting voor het Inland Rail project, $31 miljard (oorspronkelijk $16,4 miljard), is daarom duidelijk twijfelachtig. Zoals Kerry Schott in haar rapport uit 2023 stelde: "*Naar mijn mening zou deze kostenraming niet door de Aandeelhouder moeten worden geaccepteerd omdat er onvoldoende zekerheid is over de reik-*

wijdte, het gerelateerde schema en de uitvoeringskosten om enig vertrouwen in de cijfers te hebben."

Inderdaad. Elk project ziet er beter uit als je de moeilijke delen weglaat.

DE SPOORWEGEN REORGANISEREN

In 1996 deed de toen volledig geïntegreerde State Rail Authority van New South Wales afstand van haar goederenbedrijf. Vervolgens ontstonden de Rail Access Corporation, om de sporen te bezitten, en de Railway Services Authority om de sporen te onderhouden.

De Railway Services Authority veranderde in Rail Services Australia en fuseerde vervolgens in 2000 met de Rail Access Corporation om de Rail Infrastructure Corporation te vormen.

De Rail Infrastructure Corporation gaf het landelijke netwerk weg aan de Australian Rail Track Corporation en voegde zich op 1 januari 2004 weer bij de State Rail Authority om Rail Corporation New South Wales (RailCorp) te vormen.

Deze opwindende en uiteindelijk zinloze reis omvatte de ongelukken van Glenbrook en Waterfall waarin, in een amper zeven jaar, vier SRA-voorzitters en zes SRA-directeuren de weg naar de prullenbak van de spoorweggeschiedenis vonden.

RailCorp zelf werd in 2014 afgeschaft ten gunste van een nieuwe splitsing tussen Sydney Trains (volledig geïntegreerd in het grootstedelijke gebied) en New South Wales Trains (een regionale treinoperator).

Het is tien jaar sinds de laatste grote herstructurering, dus als we de geschiedenis mogen geloven, staan we op het punt om een nieuwe ronde te beginnen waarin we het spoorwegsysteem uit elkaar halen en weer in elkaar zetten.

Liever niet.

Praktijk-georiënteerde aanbestedingscode

Zouden megaprojecten moeten voldoen aan de aanbestedingscode van het agentschap? Waarschijnlijk niet.

Veel overheidsinstanties hebben de afgelopen jaren veel moeite gedaan om echt goede aanbestedingsprocessen op te zetten en het gebruik ervan verplicht te stellen. Aangezien deze instanties jaarlijks honderden en in sommige gevallen duizenden contracten afsluiten, zijn er enorme voordelen verbonden aan een duidelijk en consistent proces dat organisatorische wrijving minimaliseert, terwijl het ervoor zorgt dat alle integriteitsvoorwaarden worden afgevinkt en alle bieders eerlijk worden behandeld.

De one-size-fits-all benadering is volkomen redelijk: wat maakt het uit als een paar contracten met een ander proces misschien 10% betere resultaten hadden kunnen opleveren? Dat wordt ruimschoots gecompenseerd door de voordelen van consistentie binnen de hele organisatie.

Probleem. Megaprojecten doen niet aan consistentie. Ze zijn eenmalig, vrijwel per definitie. En een 10% beter resultaat op een project van een miljard euro levert 100 miljoen euro aan geld of waarde op.

Kijk eens beter naar de details: is dat echt goede aanbestedingsproces wel helemaal geschikt voor een megaproject?

Moet je drie offertes hebben? Soms heb je ze nodig, maar je krijgt waarschijnlijk betere prijzen bij een megaproject met twee enthousiaste bieders die het tegen elkaar opnemen.

Moet de bieder een besloten vennootschap zijn? Het consortium richt er misschien pas een op als het contract is toegekend. En misschien zou je ook trusts moeten toestaan.

Verplichte diskwalificatie bij het niet voldoen aan de indieningsvereisten? Beter is om jezelf wat discretionaire ruimte te geven in plaats van gedwongen te zijn een bod (dat waarschijnlijk miljoenen kostte om te produceren) te diskwalificeren omdat serverproblemen ervoor zorgden dat de documenten pas een half uur na de deadline binnenkwamen.

Hmm. Tijd om die aanbestedingscode, waaraan je beweert te voldoen, nog eens goed door te lezen en er zeker van te zijn dat deze werkelijk geschikt is voor een megaproject.

Tadgell's Bluebell

Ik heb geen idee wie Tadgell was, maar zijn *bluebell* was een echte lastpost.

We stonden op het punt goedkeuring te vragen voor de beslissing over de voorkeursbieder in de Waratah-treinaanbesteding in 2006, toen het ministerie van Milieu een circulaire uitbracht over waarnemingen van bedreigde soorten.

O jee. Een van die soorten, Tadgell's Bluebell, was ergens tussen ongeveer 1872 en 2006 (de datum was helaas niet genoteerd) waargenomen op de aangewezen locatie voor de onderhoudsfaciliteit. Het was nog niet zo lang geleden dat de Olympische Spelen in Sydney de tennisbanen hadden moeten verplaatsen vanwege de ontdekking van een kolonie groene en gouden boomkikkers.

Oké, een of andere naamloze bemoeizuchtige botanicus had het ding één keer in meer dan honderd jaar gezien. Misschien konden we het gewoon negeren en hopen op het beste? Helaas is dat niet echt een acceptabele aanpak voor een project van $3,6 miljard. Er was een duidelijk risico dat extra werk nodig zou zijn om ofwel de faciliteit ofwel de bluebells te verplaatsen.

We hadden een extra clausule in het contract kunnen opnemen die de aannemer verplichtte het op te lossen. Helaas stelde haastig botanisch onderzoek vast dat Tadgell's Bluebell niet alleen ononderscheidbaar is van andere *bluebells*, behalve tijdens de bloei, maar dat het bloeiseizoen al was aangebroken. Als we de zaak aan de aannemer zouden overlaten, zou het project bijna een heel jaar in onzekerheid verkeren tot het volgende bloeiseizoen. Geen optie.

Dus regelden we dat een paar botanici een cursus gingen volgen – inderdaad, zelfs de gemiddelde botanicus kan bluebell-soorten niet uit elkaar houden, zelfs niet als ze in bloei staan – en stuurden hen vervolgens naar de locatie om die te inspecteren.

Wat enige tijd duurde, omdat het hele postindustriële braakland dat voor de onderhoudsfaciliteit was geselecteerd, een ware weide van bluebells was. Als Instagram was uitgevonden, zouden mensen in de rij hebben gestaan voor een selfie.

Gelukkig is de grootste bedreiging voor het voortbestaan van Tadgell's Bluebell niet de vernietiging van de habitat, maar andere *bluebells*. Hoe overvloediger de gewone soorten *bluebell*, hoe waarschijnlijker dat Tadgell's Bluebell genetisch zal worden overspoeld (wat onaangenaam klinkt, maar naar verluidt pijnloos is).

En dat lijkt precies te zijn wat er was gebeurd. Heel veel *bluebells*, en geen enkele Tadgell te zien.

Probleem opgelost.

Postscriptum: Na het schrijven hiervan besloot ik dat het tijd was om Professor Google te vragen wie Tadgell was. Hij heette Alfred James Tadgell, geboren in 1863, overleden in 1949, en hij was een van de eerste leden van de Field Naturalist Club of Victoria.

Tadgell was accountant, maar in zijn vrije tijd (waarvan hij veel moet hebben gehad) verzamelde hij duizenden Australische planten en correspondeerde hij met vooraanstaande botanici in Australië, Engeland en Amerika. Zijn collectie en het grootste deel van zijn botanische literatuur is nu ondergebracht in het National Herbarium in Melbourne.

Nu weet je het.

DEEL 9

❦

FINANCIËLE COMPLEXITEIT

*H*oe ingewikkeld kan een financierings- overeenkomst worden?

In 1987 kocht Alan Bond, nog niet in de gevangenis, de Channel 9 mediagroep van Kerry Packer voor $1,056 miljard, destijds de grootste deal ooit in Australië. Het was niet een van de scherpste deals die Bond ooit deed - Packer kocht het later terug voor een fractie van de oorspronkelijke prijs - maar ik was een zeer junior advocaat bij die deal en ik herinner me de financiële afsluiting nog steeds.

Het betrof één man die een envelop overhandigde.

In de envelop - je denkt dat ik ga vertellen dat er een bankwissel in de envelop zat, nietwaar? Eigenlijk waren het er elf, tien van elk $100 miljoen en één voor het wisselgeld. De banksystemen konden niet meer dan negen cijfers op een cheque verwerken.

Net geen twintig jaar later, in 2006, omvatte de financiële afsluiting van de Waratah-deal, een $3,6 miljard rollend materieel PPS, een complex protocol, verschillende proefrondes, een kamer vol bankiers en computers en ongeveer een halve dag.

Nogal een contrast met het overhandigen-van-een-envelop scenario.

Zijn financieringsdeals sindsdien eenvoudiger geworden? Ik betwijfel het.

EEN WALVIS VAN EEN PROBLEEM

Als de meting laat zien dat je een probleem hebt, verander dan de meting.

Einde probleem. Niet dus.

Mijn aandacht werd getrokken naar de 'London Whale' van Henrico Dolfings recente casestudy over de financiële debacle uit 2012 die JP Morgan een verlies van ongeveer $6 miljard opleverde. De studie richt zich op het falen van het Synthetic Credit Portfolio Value at Risk (VaR) Model, een geavanceerd financieel instrument bedoeld om het risico te beheren dat verbonden is aan de handelsstrategieën van de bank.

Maar de London Whale is ook een uitstekend voorbeeld van regels die worden versoepeld wanneer het volgen van de regels een onsmakelijk antwoord zou geven. Laten we eerlijk zijn, walvissen doen niet aan governance.

JP Morgan-handelaren namen grote posities in in credit default swap indices, gekoppeld aan de kans op wanbetaling van Amerikaanse bedrijven. De posities werden verliesgevend, en in plaats van de posities te sluiten of af te dekken, verdubbelden de handelaren hun inzet. Dat is de reactie van een gokker, niet van een risicomanager, wat verklaart waar de naam London Whale vandaan kwam - 'whale' is jargon voor een gokker die enorme weddenschappen afsluit. Ze hoopten dat de markt in hun voordeel zou herstellen. Dat gebeurde niet.

Managements- en monitoringproblemen verergerde het probleem. Het Hoofd van het Chief Investment Office ontving geen volledige positierapporten en geaggregeerde risicometrieken verborgen het probleem binnen de bredere portefeuille. De winst/verlies-overzichten voor de credit default swaps die hij wel kreeg waren gebrekkig, deels vanwege zwakke financiële modellering en deels omdat de handelaren degenen waren die de waarden kozen die in het model werden ingevoerd. (Ten minste één keer wachtten handelaren tot 20:00 uur Londense tijd om hun transacties te markeren in de hoop op een betere prijs tijdens de New Yorkse handel, en later onderzoek kon niet altijd documenteren dat de geclaimde prijs ooit binnen de bied-laat spread op de betreffende dag had gelegen.)

Geplande risicomanagementvergaderingen werden slecht bijgewoond en vaak uitgesteld. Altijd een slecht teken - dat geldt zowel voor projecten als voor handelsportefeuilles.

Maar de echte klassieker van slecht governance is dat de VaR-limieten in het begin van 2012 meer dan 300 keer werden overschreden. Dit had overal alarmbellen moeten doen rinkelen. In plaats daarvan werd het probleem 'opgelost' door een nieuw, milder VaR-model in te voeren, dat de initiële verliesschattingen van de CDS-posities halveerde.

Natuurlijk verergerde dit het probleem, omdat het de handelaren in staat stelde de omvang van hun weddenschappen te vergroten. De posities werden zo groot dat toen JP Morgan eindelijk doorhad hoe groot het probleem was, er onvoldoende liquiditeit in de markt was om ze snel af te wikkelen: de verliezen stegen van $2 miljard naar $6 miljard voordat het gapende gat in de rekeningen eindelijk werd gedicht.

Wat gemeten wordt, wordt beheerd. Wat slecht gemeten wordt, wordt slecht beheerd.

MIJLPAALSELECTIE

Beginnen met het 'snijden van staal' is een grote zaak in de scheepsbouw. Het leek een goede kandidaat voor een mijlpaalbetaling bij het Schotse veerbootcontract van 2015.

En waarom niet? Het ontwerp is ontwikkeld na vele maanden hard werk, de tekeningen zijn nu compleet en de constructie kan beginnen. De scheepswerf organiseert een speciale ceremonie en nodigt een VIP uit om op de knop van de lasersnijder te drukken om het eerste stuk van de stalen romp vorm te geven. Dat is wat 'staal snijden' betekent.

Het is een viering waard, dus waarom er geen mijlpaalbetaling van maken?

Helaas claimde de aannemer deze specifieke mijlpaal al amper twee maanden na het ondertekenen van het contract. Ja, het had staal gesneden. Nee, het ontwerp was nog lang niet af.

Het snijden van het staal was geen teken dat er iets nuttigs was bereikt, het betekende alleen dat de aannemer wanhopig was om de £2,8 miljoen van de mijlpaalbetaling binnen te halen.

En de constructie ging vanaf daar bergafwaarts. De eerste van de twee veerboten, oorspronkelijk gepland voor oplevering in 2018, ging pas in januari 2025 in dienst en de tweede is nog steeds werk in ontwikkeling.

Mijlpaalbetalingen kunnen een zeer nuttige stimulans zijn, die helpen om de cashflow te versoepelen en financieringskosten voor een aannemer te verminderen.

Maar je moet wel een beetje voorzichtig zijn met de definitie.

KLEIN SYMPTOOM, GROOT PROBLEEM

Ik nam ooit tijdelijk een project over terwijl er een permanente vervanger werd gezocht voor een net vertrokken projectmanager. Op dag één liep ik een rondje over de afdeling en wist ik meteen dat het project in de problemen zat.

Er stond een zoemende elektriciteitskast vol bedrading. De deur was duidelijk bedoeld om gesloten te zijn, maar dat was niet mogelijk omdat er een kabel van de kast ergens anders naartoe liep. Onregelmatig maar waarschijnlijk ongevaarlijk, behalve voor één ding. Het keukengedeelte was ver verwijderd van de project-ruimte, dus hield het team gevulde waterkannen bij de hand. Ja, je raadt het al, ze bewaarden ze bovenop de open elektriciteitskast.

Een kleinigheid, maar symptomatisch voor de grotere problemen waarmee het project te kampen had - het moreel was laag en mensen hadden ofwel een duidelijk veiligheidsprobleem niet opgemerkt of konden zich niet de moeite nemen er iets aan te doen.

Maar de reactie was bemoedigend. Ik hoefde niet eens iets te zeggen. De mannen zagen waar ik naar keek en verplaatsten de kannen meteen naar een tafel verderop. Toen ik de volgende ochtend terugkwam, was de hinderlijke kabel verdwenen en was de deur van de elektriciteitskast goed gesloten. Een goede eerste stap om het project weer op de rails te krijgen.

Kleine dingen doen ertoe.

SAMENWERKING

Waarom hebben we 'samenwerkingscontracten' nodig om samen te werken?

Een contract ondertekenen met het label 'alliantie' creëert nog geen alliantie. Succesvolle samenwerking betekent altijd dat je tijd en moeite investeert in het opbouwen van een relatie.

Die tijd en moeite zijn de investering waard, ongeacht het soort contract dat je hebt.

Laten we eerlijk zijn, oncoöperatief gedrag (liegen, intimide-ren, boodschappers neerschieten) levert doorgaans tamelijk slechte resultaten op, ongeacht het type contract dat wordt ondertekend.

Ik ben helemaal voor samenwerking. Alleen niet voor het beperken ervan tot 'samenwerkingscontracten'.

Voltooiing is niet genoeg

Om de voordelen van een megaproject te realiseren is meer nodig dan alleen de bouw afronden. Vraag het maar aan de mensen die de Millennium Dome in opdracht gaven.

De Dome werd inderdaad op tijd voltooid om zijn rol als tentoonstellingsruimte voor de viering van het millennium te vervullen: de opening was op 31 december 1999 (oké, verkeerschaos maakte het moeilijk voor degenen met een kaartje om er te komen, maar het was open) en de tentoonstelling bleef elke dag van 2000 geopend, tot de sluiting op 31 december.

Helaas maakte de tentoonstelling verlies, waarbij nauwelijks de helft van de voorspelde 12 miljoen bezoekers werd aangetrokken, ondanks dat de Dome in de James Bond-film *The World Is Not Enough* te zien was. Een eerste wedstrijd voor het vinden van alternatieve erfgoedbestemmingen was niet succesvol. Laten we eerlijk zijn, een momentopname eind 2001 zou de Dome hebben bestempeld als een vrij duur spelletje. En als iedereen op dat moment hoop had opgegeven, zou het dat ook zijn gebleven.

Als we nu naar 2024 kijken, ziet alles er wat anders uit. In 2002 slaagde de regering er eindelijk in om de locatie te verkopen voor ontwikkeling als entertainmentlocatie, uiteindelijk The O2 genoemd. De locatie is uitgegroeid tot een van 's werelds populairste bestemmingen, die jaarlijks ongeveer negen miljoen bezoekers trekt.

Volgens de National Audit Office heeft het werkgelegenheid naar het gebied gebracht en 'verstrekkende voordelen en ontwikkeling over het hele schiereiland Greenwich' gerealiseerd".

En dat was precies wat men in eerste instantie van het project had gehoopt.

Maar het was niet voldoende om het alleen te bouwen.

DE NUCLEAIRE OPTIE

Wat kun je doen als je wordt geconfronteerd met een verschrikkelijk slechte beslissing van een Minister?

Transport Scotland stond in 2007 voor precies zo'n beslissing, toen de nieuwe SNP-regering overwoog om door te gaan met het Edinburgh Tram-project dat door de vorige regering was geïnitieerd.

Het project werd geleid door **tie**, een dochteronderneming van de gemeenteraad van Edinburgh (CEC). Het governance werd uitgevoerd door een Trams Project Board. De directeur Rail Delivery van Transport Scotland was lid van deze raad, en Transport Scotland had veel van haar expertise bijgedragen aan de ontwikkeling van het project.

De bijdrage van de regering zou £500 miljoen bedragen, CEC had toegezegd £45 miljoen bij te dragen, en **tie** had de kosten van de lijn van Edinburgh Airport naar Newhaven geschat op £501,8 miljoen, wat betekende dat de financiering toereikend leek. Het latere Inquiry wees uit dat de nieuwe regering ermee instemde om door te gaan, op voorwaarde dat haar bijdrage beperkt zou blijven tot de beloofde £500 miljoen en CEC de aansprakelijkheid voor eventuele kostenoverschrijdingen op zich zou nemen.

En daar begon het mis te gaan. Blijkbaar doodsbang dat de aansprakelijkheid zou terugvallen op de regering, wilde de Kabinetssecretaris dat Transport Scotland zijn betrokkenheid zou 'afbouwen' en gaf hij 'zeer sterke signalen' dat het niet meer vertegenwoordigd zou moeten zijn in de Trams Project Board.

De directeur Rail Delivery was ontzet. **tie** had tot dan toe uitgebreid vertrouwd op de expertise van Transport Scotland bij de ontwikkeling van het project, en deze expertise en continuïteit zouden voor het project verloren gaan. Hij was zo geschokt dat hij voorstelde om een formele opdracht van de Kabinetssecretaris te vragen.

Voor degenen onder u die niet bekend zijn met de praktijk in de publieke sector, klinkt dit misschien niet als veel, maar de directeur verwees er terecht naar als de 'nucleaire optie'. Transport Scotland zou in feite zeggen: 'Minister, wat u heeft voorgesteld is zo onuitsprekelijk dom dat we het niet zullen doen tenzij u ons een juridisch bindende schriftelijke opdracht geeft, die ons buiten schot houdt en u in het beklaagdenbankje zet wanneer de ramp zich voltrekt.'

Ze zagen ervan af. Ze deden het niet.

Oké, het zou waarschijnlijk een carrièrebeperkende zet zijn geweest.

Aan de andere kant had het misschien de debacle kunnen voorkomen dat het Edinburgh Tram-project werd – drie jaar te laat, twee kilometer te kort en honderden miljoenen over budget.

Het lijkt erop dat niemand eraan dacht om te zeggen: 'Dat is een zeer *moedige* beslissing, Minister.' Waar was *Sir Humphrey*, de sluwe topambtenaar in de BBC TV comedy programma*Yes Minister*, die altijd wist de blunders van zijn Minister ternauwernood te voorkomen, toen ze hem nodig hadden?

HET ZIJN DE VERKIEZINGEN, SUFFERD

Niet elke verkiezing bepaalt de toekomst van de vrije wereld. De wens van regeringen om herkozen te worden, heeft echter maar al te vaak negatieve gevolgen in de wereld van megaprojecten.

In 2014 besloot de regering van New South Wales dat ze absoluut het PPS-contract van $2,1 miljard voor de Sydney-lightrail moest toekennen vóór de deelstaatverkiezingen van 2015.

De beslissing betekende dat Transport for New South Wales (TfNSW) geen tijd had om een aantal dingen te doen die de kansen aanzienlijk zouden hebben verbeterd om het project op tijd, binnen budget en zonder geschillen op te leveren. (Score: 0 op 3, uiteindelijke kosten ergens boven de $3,1 miljard.)

Het grootste probleem, zoals vaak bij lightrail, waren de nutsvoorzieningen die langs de route begraven lagen. TfNSW voerde slechts een beperkt onderzoek uit naar de nutsvoorzieningen. Hoewel ze er meer dan 2.000 vonden, stuitte de aannemer later op nog eens 1.759, dus het was bepaald geen uitgebreid onderzoek.

TfNSW bereikte ook geen overeenstemming met de nutsbedrijven over de behandeling die nodig zou zijn voor de ontdekte voorzieningen, noch over een proces om tot overeenstemming te komen. De ontwerp- en bouwaannemer van het PPS-contract spande later een rechtszaak aan, waarbij hij misleidend of bedrieglijk gedrag beweerde rond het verstrekken van informatie over hoe de elektriciteitskabels in George Street beheerd moesten worden. (De rechtszaak werd uiteindelijk geschikt.)

TfNSW was zich ervan bewust dat het verleggen van nutsvoorzieningen een aanzienlijk constructierisico vormde, maar zoals veel overheidsinstanties in een vergelijkbare positie, vonden ze het belangrijker om het PPS-contract te ondertekenen vóór de verkiezingen dan verdere stappen te nemen om het risico te beperken.

Wat ze misschien niet hadden voorzien? Naast de kosten en vertragingen van het verleggen van de nutsvoorzieningen zelf, werden ze ook geconfronteerd met een succesvolle rechtszaak van bedrijven langs de route wier inkomsten waren gekelderd door de lange periode dat de wegwerkzaamheden voor hun deuren bleven. Het New South Wales Supreme Court oordeelde dat de langdurige verstoring een onrechtmatige overlast vormde, die verder ging dan wat redelijk was.

Het verkiezingsresultaat? Ja, ze wonnen.

Aangeklaagd door de winnaar

Bij het opzetten van een aanbestedingsproces is de neiging om je te concentreren op het voorkomen van een rechtszaak door de verliezende bieder. Maar je belandt veel waarschijnlijker in de rechtszaal met de winnaar.

De stad Sacramento zal dat waarschijnlijk binnenkort ondervinden.

Ze ontwikkelden een nieuw wandel- en fietspad, het Del Rio Trail. De route kruiste een grote snelweg, Interstate 5, dus Sacramento gaf opdracht voor een nieuwe voetgangersbrug om veilige oversteek voor voetgangers en fietsers mogelijk te maken.

Het pad werd geopend in mei 2024. De brug bleek onveilig te zijn en werd binnen enkele maanden gesloten. Het probleem lijkt te liggen bij het gebruik van ongeschikt licht beton en wapening. Uit de persberichten is niet duidelijk waar de fout ligt, maar een rechtszaak lijkt een waarschijnlijke uitkomst.

Verliezende bieders kunnen alleen procederen over het aanbestedingsproces zelf.

Winnende bieders zijn er nog steeds als het aanbestedingsproces voorbij is en zij een hele reeks contractuele documentatie ondertekenen, wat een heel scala aan nieuwe mogelijkheden biedt voor partijen om elkaar aan te klagen.

Je kunt een aanbestedingsproces uitvoeren dat onberispelijk is vanuit integriteitsoogpunt. Maar als je geen goede specificatie opstelt, of een incompetente aannemer aanstelt, of het contract niet goed beheert, kan het resultaat nog steeds ernstig ondermaats zijn.

Maak je gerust zorgen over de verliezende bieder.

Maar het is de winnende bieder met wie je waarschijnlijker voor de rechter belandt.

SLECHTE CONTRACTEN WORDEN NOG SLECHTER

Het probleem met het uitgeven van een slecht opgesteld contract bij je *request for tenders* is dat het onvermijdelijk erger wordt voordat je het ondertekent.

Voor het geval je het nog niet bent tegengekomen, het standaardexcuus dat een advocaat geeft voor een onbegrijpelijke clausule in een contract is: 'Er is zeer intensief over onderhandeld.'

Hoe meer een contract onderhevig is aan onderhandeling, hoe onsamenhangender het wordt. Er sluipen inconsistenties in. Verbanden tussen clausules worden verbroken. Clausules die zijn toegevoegd 'ter voorkoming van twijfel' creëren meer twijfel dan ze wegnemen.

Bovendien, hoe meer een contract onderhevig is aan onderhandeling, hoe duurder het is om te produceren. Commerciële onderhandeling is arbeidsintensief, en de betreffende arbeid komt meestal van mensen die veel rekenen voor hun tijd.

De voor de hand liggende (maar helaas zeldzame) oplossing is om vanaf het begin een goed opgesteld contract uit te geven met een eerlijke risicoverdeling, zodat de bieders niets hebben om bezwaar tegen te maken. Je komt waarschijnlijk niet helemaal weg zonder onderhandelingen, omdat megaprojecten gewoon te ingewikkeld zijn. Maar je kunt er dicht bij komen.

Waarom komen overheden dan met contracten met onredelijke risicoverdelingen? Op maat gemaakte contracten in plaats van contracten volgens industriestandaarden? Contracten met inconsistente of dubbelzinnige specificaties? Contracten met cruciale secties die open blijven voor discussie?

Jezelf opzadelen met langdurige onderhandelingen verhoogt alleen maar je kosten en levert een slechter resultaat op.

DE WERELD GAAT VERDER

Doen wat eerder werkte is een geweldige oplossing totdat het dat niet meer is.

Toen RailCorp, de toenmalige exploitant van de spoorwegen in Sydney, in 2006 een contract tekende voor de aankoop van rollend materieel voor 78 treinen, bevatte het contract ook een vereiste voor simulatoren om personeelstraining mogelijk te maken.

RailCorp gebruikte al jaren simulatoren om het personeel te helpen trainen, en het was deze keer duidelijk noodzakelijk omdat er zoveel nieuwe treinen waren dat honderden bestuurders en conducteurs in een relatief korte periode moesten worden opgeleid.

Iedereen was tevreden met de bestaande opzet, dus de oude simulatorspecificatie werd afgestoft en ingezet voor het aanbestedingsproces.

Het kwam op dat moment bij niemand op dat de technologie een beetje was voortgeschreden. De bestaande simulatoren voor de oude Tangara-vloot gebruikten enkele neptrajecten om de bestuurders te introduceren in standaardsituaties die ze konden tegenkomen, en dat werd opgenomen in de specificatie.

Het was pas later dat iemand van de leverancier vermeldde dat ze (tegen een vergoeding) simulaties van echte routes op het netwerk konden produceren – wilden we echt neptrajecten terwijl we tegenwoordig echte konden hebben?

Ah. Ja. Goed idee. Jammer dat we er niet eerder aan hadden gedacht.

DE VOETBAL

Volgens *Fluke*, een recent boek van Brian Klaas, is het leven veel willekeuriger dan we geconditioneerd zijn om te denken. (Ik weet niet zeker of dit compleet nieuws is voor projectmanagers, van wie de meesten je zouden vertellen dat omgaan met willekeurige rommel min of meer het dagelijkse werk is.)

Een van de verhalen die Klaas vertelt is over een toerist genaamd Ivan, die in 2022 werd gegrepen door sterke stromingen bij Myti Beach in Noord-Griekenland en de zee in werd gesleurd. Hij werd gered doordat hij toevallig een drijvende voetbal vond, waarvan later werd beweerd dat deze een paar dagen eerder per ongeluk in zee was geschopt door een kleine jongen, tachtig kilometer verderop. Ivan klampte zich vast aan de voetbal en die hield hem drijvende lang genoeg om gered te worden.

Wat zo willekeurig is als het maar kan.

Klaas bekeek het incident en verwonderde zich erover hoe je kleinste daden levens- of doodsimpacten kunnen hebben waarover je misschien nooit hoort.

Ja. Mijn reactie was meer: 'Hoe kon het in de eerste plaats gebeuren?' Zwom hij tussen de vlaggen? Waren er waarschuwingsborden over de stromingen die hij negeerde? Wist hij niets over zwemveiligheid?

Oké, misschien gaat er een vlinder op het verkeerde moment met zijn vleugels klapperen en sterf je toch, maar je kunt je overlevingskans serieus vergroten door veiligheidsprocedures te volgen en je persoonlijke beschermingsmiddelen te dragen.

Of je kunt op geluk vertrouwen en hopen op een voetbal.

DE DREIGING VAN SILOBUDGETTEN

Railtrack, de voorganger van Network Rail, had een systeem waarbij haalbaarheidsstudies voor projecten uit het operationele budget kwamen. Tenzij het project doorging, in welk geval de kosten in plaats daarvan uit het kapitaalbudget kwamen.

Wat een absoluut geweldige stimulans was voor operationeel managers om projecten met marginale of onvoldoende ontwikkelde haalbaarheid door te drukken, alleen maar om hun budgetten terug te krijgen.

Evenzo maakten de projectmanagers van kapitaalprojecten zich geen zorgen als hun bezuinigingen de onderhoudskosten opdreven, omdat dat uit iemand anders' budget kwam.

Het begrotingssysteem was niet de primaire oorzaak van het onder curatele stellen van Railtrack, maar het hielp zeker niet.

Silobudgetten. Slecht nieuws.

Klantbeslissing of biedersbeslissing?

Moeten contractuele afwegingen worden gemaakt door de klant of de aannemer? Het standaard antwoord, dat de partij die het risico neemt de afwegingen moet maken, werkt niet altijd.

We liepen tegen dit probleem aan bij de Waratah-treinaanbesteding. De leverancier zou verantwoordelijk zijn voor het onderhoud van de treinen gedurende ongeveer 25 jaar. Ze kregen alleen hun volledige beschikbaarheidsvergoeding voor een trein als deze goed functioneerde, dus de hoeveelheid reserveonderdelen die ze in de onderhoudsfaciliteit hielden tijdens de operationele fase was duidelijk hun risico. Was het hun afweging?

Min of meer. Het probleemkind was niet de reserveonderdelen maar de reservetreinen.

Veel onderhoudstaken kunnen in gaten in de dienstregeling worden gepland, maar er zullen altijd taken zijn waarvoor een trein uit dienst moet worden genomen. Om ervoor te zorgen dat de leverancier aan zijn contractuele verplichting kon voldoen om dagelijks 72 treinen beschikbaar te hebben voor de dienst, zou er een aantal extra treinen nodig zijn om aan de onderhoudsbehoeften te voldoen.

Wie zou dat aantal moeten bepalen?

In theorie zou de aannemer het risico nemen, dus de aannemer zou de beslissing moeten nemen. Niet zo eenvoudig. Voorafgaande berekeningen door de klant gaven aan dat het optimale aantal reservetreinen vijf en een beetje was.

Enig probleem, je kunt geen beetje van een trein hebben. En een hele trein is duur.

Bieders zouden moeten kiezen tussen slechts vijf reservetreinen aanbieden, wat betekent dat hun bod goedkoper zou zijn maar ze zouden het moeilijk krijgen in de operationele fase, of zes aanbieden, wat hen goed gedekt zou houden tijdens de operationele fase maar de kosten van het bod zou verhogen zodat ze misschien het contract helemaal niet zouden winnen.

En dat was geen afweging waarvan we vonden dat het veilig was om dit aan de bieders over te laten.

Oplossing? We haalden de beslissing uit hun handen door een minimum van zes reservetreinen te specificeren.

WELK PROJECTMANAGEMENTSYSTEEM?

Ik heb nooit formele training gehad in projectmanagement.

Tot op de dag van vandaag zou ik je het verschil niet kunnen vertellen tussen Agile en Waterfall, en ik zou je waarschijnlijk geloven als je me zou vertellen dat PMBOK een soort Zuid-Afrikaans hert is. De eerste keer dat ik een e-mail ontving met als onderwerp "SCRUM TRAINING", verwijderde ik deze ongelezen en vroeg me af welke grappenmaker in het team mij op een mailinglijst voor rugbyspelers had gezet.

Ik weet wel dat alle verschillende projectmanagementsystemen enthousiaste voorstanders hebben, en elk kan wijzen op succesvolle projecten. Dus hoe weet je welk systeem het beste is?

Er was vele jaren geleden een productiviteitsexperiment gedaan. Ik ben de precieze details vergeten, maar het ging om het opnieuw schilderen van de witte muren van een kantoor in een kleur (groen?) die de productiviteit zou moeten bevorderen. De productiviteit ging inderdaad omhoog. Toen vonden ze een kantoor dat al groen was geschilderd en schilderden het wit. De productiviteit ging ook omhoog. Mensen werken gewoon beter als ze zien dat het bedrijf hen genoeg waardeert om het kantoor opnieuw te schilderen. Kleur niet relevant.

Dus ik vraag me af, terwijl ik mijn onwetendheid vrijelijk erken, of de verschillende projectmanagementsystemen een beetje zo zijn. Er is veel basiswerk dat je moet doen om een project op koers te houden. De scope vastleggen, beslissingen laten nemen wanneer je ze nodig hebt, het budget en schema in de gaten houden, iedereen op de hoogte houden. Enzovoort. En de verschillende systemen hebben allemaal processen om ervoor te zorgen dat dit werk gedaan wordt.

Wanneer een bedrijf een nieuw projectmanagementsysteem invoert, komt het met de zegen van de CEO, een sterrenrijke uitrol door kampioenen en training voor iedereen. Dus, als de zaken verbeteren, is het dan echt het nieuwe systeem, of is het gewoon dat mensen beter presteren als... ze de zegen van de CEO hebben, een sterrenrijke uitrol door kampioenen en training voor iedereen?

MOTTENBALLEN

De ontziltingsinstallatie van Sydney bleef bijna 7 jaar buiten gebruik.

Toen de regering van New South Wales in 2007 besloot om deze te bouwen, was de damopslag 34%, angstaanjagend laag en ruim onder het officiële triggerniveau van 48%.

De installatie was klaar in 2010, maar de damopslag was toen hoog en na een proefperiode van twee jaar werd de installatie in de mottenballen gelegd, om uiteindelijk in januari 2019 weer in productie te gaan.

Het kost tijd om een megaproject op te zetten. Hoewel op het beslissingspunt de damopslag 34% was, was tegen de tijd dat het contract voor de ontziltingsinstallatie daadwerkelijk klaar was voor ondertekening, de opslag al gestegen naar 57%, ruim boven het triggerniveau.

In een later rapport over de stedelijke watervoorziening wees de Productiviteitscommissie erop dat 'Grote besparingen waar-schijnlijk beschikbaar waren geweest voor de gemeenschap als de rege-ring een optie had genomen en uitgeoefend om de bouw uit te stellen, zelfs als deze optie kosten met zich mee had gebracht.'

Ze suggereerden, met andere woorden, dat het een betere waarde zou zijn geweest om de kosten te accepteren van het alvast nu leggen van het contract in de mottenballen en de ontziltingsinstallatie later te bouwen, in plaats van gewoon door te gaan met het contract en later de kosten te maken van het in de mottenballen leggen van de installatie.

Het zou een moeilijke beslissing zijn geweest. Het momentum achter een megaproject-contract op het moment van ondertekening is bijna onstuitbaar.

Maar als de basisrationale voor een project is veranderd, of het contract in de mottenballen moet worden gelegd, is op zijn minst een vraag die zou moeten worden gesteld.

DEEL 10

⌘

Haastige spoed is zelden goed

*E*en onmogelijk tijdschema is een terugkerend thema bij megaprojectrampen. Maar de Schotse veerbootaanbesteding is een schoolvoorbeeld.

De beslissing om twee veerboten aan te schaffen om de verbinding van de Schotse eilanden met het vasteland te verbeteren, tegen een geschatte kostprijs van £40 miljoen per stuk, werd genomen in juli 2014. Op dat moment werd verwacht dat het contract eind maart 2015 zou worden gegund.

Gezien het feit dat er op het moment van de beslissing nog geen specificatie bestond, is het nauwelijks verrassend dat dit schema niet kon worden aangehouden

Maar een tijdje probeerden ze het wel.

Caledonian Maritime Assets Limited (CMAL), het Schotse agentschap dat eigenaar is van de Schotse veerboten en haveninfrastructuur, kreeg de opdracht om de nieuwe veerboten aan te schaffen. Een topfunctionaris van Caledonian MacBrayne (Cal-Mac), de veerbootexploitant, zei later dat ze voor zo'n aanbesteding normaal gesproken tot een jaar zouden uittrekken met een ontwerpadviesbureau om een gedetailleerde specificatie uit te werken.

CMAL gaf hen drie weken.

En ja, natuurlijk werd het aanbestedingsschema verlengd omdat het gewoon onmogelijk was. Logisch. Maar te laat om te voorkomen dat de offerteaanvraag uitging met de in drie weken in elkaar geflanste specificatie.

CalMac klaagde dat de specificatie slechts ongeveer 20% van hun eisen bevatte. Het werd niet opgelost vóór de gunning van het contract in oktober 2015, wat onvermijdelijk leidde tot wijzigingen die het tijdschema vernietigden. (Het faillissement van de aannemer hielp het tijdschema ook niet.)

De twee veerboten zouden in 2018 worden opgeleverd. De eerste kwam in januari 2025 in dienst. Schotland wacht nog steeds op de tweede.

HOE JE COMMERCIEEL KUNT ZIJN

De opsplitsing van British Rail in de jaren '90 leidde tot een plotselinge vraag naar contractmanagers. Bijna van de ene op de andere dag werd van mensen die gewend waren om te werken als werknemers van hetzelfde bedrijf gevraagd om te interacteren als opdrachtgever en opdrachtnemer.

Ze waren er niet erg goed in.

Ik werkte bij Railtrack toen de overgang plaatsvond, aangezien ik was aangetrokken om het prospectus voor de beursgang te schrijven. Het was behoorlijk grimmig.

Samenwerkingsgericht contracteren was toen nog geen ding. Samenwerkingsgericht? Die contracten waren ongeveer zo samenwerkingsgericht als een kogel door je hoofd.

Mensen die gewend waren aan een publieke sector omgeving voelden zich plotseling onder enorme druk om 'commercieel' te zijn. Helaas de enige techniek die de meesten van hen kenden was het strikt handhaven van de voorwaarden van de nieuwe spoorwegtoegangscontracten, ongeacht of dit enig commercieel nuttig resultaat opleverde.

Het meest zichtbare resultaat van deze aanpak was de creatie van een klein leger aan spoorwegmedewerkers om de zware prestatieregimes te beheren: hun taak was niet om vertragingen te verminderen maar om te betwisten wie verantwoordelijk was voor die vertragingen.

'Commercieel'? Niet echt.

Wat mij betreft betekent commercieel zijn het behalen van goede commerciële resultaten. Wat een al dan niet strikte handhaving van het contract kan inhouden.

Wankele aanbevelingen

Als je een juridische uitdaging bij een evaluatie wilt vermijden, is het essentieel dat de aanbevelingen aan de besluitvormer worden ondersteund door het materiaal dat in het rapport wordt gepresenteerd.

Af en toe vergeet iemand zijn hersenen in te schakelen en besluit een mismatch op te lossen door relevant materiaal uit het rapport weg te laten in plaats van de aanbeveling te wijzigen. Het herziene rapport lijkt dan weliswaar de oorspronkelijke aanbeveling te ondersteunen, maar alleen omdat het rapport nu misleidend is. Dat zal de beslissing niet beschermen tegen juridische uitdaging.

Zelfs als niemand een rechtszaak aanspant, kun je nog steeds behoorlijk ondermaatse resultaten krijgen. Toen de Australische burgerluchtvaartautoriteit in de jaren '90 probeerde een luchtverkeersleidingssysteem aan te schaffen, moest het bestuur beslissen hoeveel bieders op de shortlist te zetten.

Het evaluatierapport bevatte een aanbeveling om drie in plaats van twee bieders te behouden voor de laatste fase. Er was een tabel met de relatieve beoordelingen van de bieders op specifieke gebieden, waaruit bleek dat de derde bieder geen kans had om het contract te winnen. Deze zeer relevante informatie ondersteunde de aanbeveling om door te gaan met drie bieders in plaats van twee niet. Het werd weggelaten uit het rapport.

De aanbeveling werd aanvaard, verdere inzendingen werden gevraagd van de drie bieders, en tien verspilde weken later werd de derde bieder zoals verwacht geëlimineerd.

Waarom deden ze dit? Nou, het agentschap had besloten om in de eerste ronde prijzen op te vragen, en de prijs van de derde bieder was verrukkelijk verleidelijk. Bij afwezigheid van gedefinieerde commerciële voorwaarden waren de prijzen natuurlijk volkomen betekenisloos, en dat bleek ook.

Als een goed voorbereid rapport je aanbeveling niet ondersteunt, verander dan de aanbeveling, niet het rapport.

Wiens risico?

Het is gemakkelijk om een slechte beslissing te nemen wanneer iemand anders het risico neemt. Piloten voor de Amerikaanse postdienst vonden een manier om dat om te draaien.

In de begindagen van de commerciële luchtvaart na de Eerste Wereldoorlog waren de risico's angstaanjagend hoog. Paul Carroll schrijft in zijn boek *Billion Dollar Lessons*: 'Van de eerste veertig piloten van de Amerikaanse postdienst kwamen er eenendertig om tijdens het vervoeren van de post. De levensverwachting van een piloot was vier jaar.'

Een van de problemen was dat vliegtuigen in die tijd niet goed konden omgaan met slecht weer. En de managers van de vliegvelden, die graag de post bezorgd wilden krijgen, hadden weinig begrip voor piloten die vonden dat het te gevaarlijk was om te vliegen.

In 1922 wisten de piloten een deal te sluiten:

"Als de manager van een vliegveld een piloot vertelde dat hij moest opstijgen om de post te bezorgen, terwijl de piloot dacht dat het weer te

gevaarlijk was, moest de manager bereid zijn in de tweede stoel van het vliegtuig te zitten en eenmaal rond het veld te vliegen."

Het gedwongen delen van het risico deed wonderen voor de houding van het management. Er waren dat jaar geen dodelijke slachtoffers.

Uitgestelde lessen

Er was veel mis met het Edinburgh Tramproject, maar het is opmerkelijk dat de eerste vier aanbevelingen in de *Inquiry report* absoluut niets te maken hadden met het project.

Hoe kon dat gebeuren? *Commissions of Inquiry* hebben een nauw gedefinieerde opdracht en zijn niet gerechtigd om daarbuiten te treden. Wat was er aan de hand?

De aanwijzing ligt in de openingswoorden van de eerste aanbeveling:

"Schotse ministers zouden een evaluatie van publieke inquiries moeten uitvoeren om de meest kosteneffectieve methode te bepalen om vertraging bij het opzetten van een inquiry te voorkomen..."

Het contract voor de tramwerkzaamheden in Edinburgh werd in mei 2008 gegund. De lijn zou in 2011 klaar moeten zijn. Na langdurige vertragingen en kostenoverschrijdingen werd uiteindelijk in mei 2014 een ingekorte versie van de lijn (ongeveer twee kilometer korter dan de oorspronkelijk beoogde bestemming) geopend. Een maand later, in juni 2014, werd de *Commission of Inquiry* aangekondigd met Lord Hardie als voorzitter.

Meer dan acht jaar en £13 miljoen later werd het rapport van Lord Hardie eindelijk opgeleverd op 19 september 2023.

Als een oefening in het trekken van lessen is het rapport voorbeeldig, maar het had niemand kwaad gedaan om die lessen wat eerder te leren.

Het verbeteren van de opzet en uitvoering van openbare

inquiries viel wellicht buiten zijn opdracht, maar Lord Hardie had helemaal gelijk met de noodzaak om er iets aan te doen.

DOMME UITKOMSTEN NIET VEREIST

Wat een controleur van integriteit je ook mag vertellen, als iets een domme uitkomst zou opleveren, vereist integriteit niet dat je het doet.

Normaal gesproken is het bijvoorbeeld volstrekt onaanvaardbaar om de evaluatiecriteria of -methodologie halverwege een aanbestedingsproces te wijzigen. Vooral als er al offertes zijn ingediend. Maar regels kunnen niet voorzien in alles wat mis kan gaan.

Bij een contract waar ik mee te maken had, liepen we tegen een groot probleem aan tijdens het evalueren van de offertes. Beide shortlist-inschrijvers hadden een prijs afgegeven die ver boven het verwachte bereik lag - we hebben het over meer dan $50 miljoen.

Probleem. De schatkist zou nooit die extra $50 miljoen ophoesten.

Tweede probleem. We hadden absoluut geen idee waarom de inschrijvers in een heel andere prijsklasse leken te spelen.

Dus we riepen een tijdelijke stop van de aanbesteding uit en vertelden de inschrijvers wat ons probleem was. Het werd al snel duidelijk dat we een eis hadden opgenomen voor functionaliteit waarvan wij dachten dat die standaard was. Dat was niet zo. Sterker nog, er zou behoorlijk ingewikkelde softwareontwikkeling nodig zijn om het aan het pakket toe te voegen. Vandaar die extra $50 miljoen.

Het had duidelijk geen zin om het proces voort te zetten zoals het was. Er werd gesuggereerd dat de integriteit vereiste dat we de aanbesteding zouden afblazen en helemaal opnieuw zouden beginnen. Maar er waren al veel kosten gemaakt door zowel ons als de inschrijvers, en het leek dom om terug te moeten gaan en alles opnieuw te doen. Moesten we dat echt?

Nee, natuurlijk niet.

Na verder overleg (ook met Financiën) stemde de beheerder ermee in dat het zonder de niet-standaard eis kon werken. De specificatie en de evaluatiemethodologie werden dienovereenkomstig aangepast, en de inschrijvers kregen extra tijd om nieuwe offertes in te dienen. Ze waren volkomen akkoord met de proceswijziging (en ja, we hebben dat schriftelijk vastgelegd) en de integriteitscontroleur kon ons een goedkeurende verklaring geven.

Simpel.

Passieve agressie

Het London Garden Bridge-project, geïnitieerd tijdens Boris Johnstons flamboyante periode als burgemeester, slurpte ongeveer £43 miljoen aan publiek geld op zonder dat er iets werd gebouwd. De gunning van de twee belangrijke contracten voor het project was, laten we zeggen, niet helemaal in overeenstemming met de beste aanbestedingspraktijken.

Dame Margaret Hodge MP voerde in 2017 een onafhankelijk *inquiry* naar het project uit. Eén alinea van haar *inquiry report* trok mijn aandacht, in het gedeelte waarin opeenvolgende concepten van een eerder rapport over de contractaanbestedingen door het interne auditteam werden besproken:

"Elders werden de kritieken van Internal Audit afgezwakt. Bijvoorbeeld... bij het bespreken van hoe [de winnende inschrijver] geïnterviewd werd terwijl ze niet goed gescoord hadden, werd een zin die oorspronkelijk luidde: "TfL Planning verzocht dat [de inschrijver] geïnterviewd zou moeten worden" gewijzigd in: "er werd besloten [de inschrijver] te interviewen]."

Hebbes!

Voorstanders van helder taalgebruik klagen over het gebruik

van de lijdende vorm en zeggen dat zinnen gemakkelijker te begrijpen zijn als je alleen de actieve vorm gebruikt. Dit mist volledig het punt. Het gebruik van de lijdende vorm in de publieke sector wordt niet veroorzaakt door het niet begrijpen van de mechanismen van goede communicatie.

Het probleem is dat als je de actieve vorm gebruikt in plaats van de lijdende om te zeggen "er werd besloten", dan krijg je een probleem. De equivalente zin, "die-en-die besloot" vereist dat je a) weet en b) onthult wie die-en-die is die de beslissing nam.

Dat idee alleen al!

Medewerkers in de publieke sector weten heel goed dat falen een wees is en succes vele vaders heeft. Ze weten alleen niet van tevoren welke van toepassing zal zijn. Routinematig gebruik van de lijdende vorm maakt het mogelijk om het aanvaarden van verantwoordelijkheid voor een beslissing uit te stellen totdat de wenselijkheid van aanvaarding duidelijk is geworden.

En wanneer, zoals hier, het al duidelijk is dat *the shit is about to hit the fan*, wat doen ze dan?

'Er wordt besloten' om de lijdende vorm te gebruiken.

Nog een klassiek voorbeeld dat de publieke sector het vermijden van verantwoordelijkheid tot een kunstvorm heeft verheven.

Een kapitale oplossing

Het is altijd leuk om geld uit te geven aan kapitaalprojecten, maar soms zijn operationele oplossingen een betere optie.

Er gaat een verhaal rond in de spoorwegindustrie, weliswaar apocrief, over twee spoorwegmaatschappijen die beide een groot probleem hadden met vandalisme. Stenen gooien betekende gebroken voorruiten, en het vervangen van een gebroken voorruit was een hoofdpijn.

De vervanging kon alleen in een onderhoudsvoorziening worden gedaan, en hoewel de eigenlijke vervanging minder dan twee uur duurde, kon de trein niet worden verplaatst totdat de lijm volledig was uitgehard, wat nog eens 30 uur duurde. De gevandaliseerde treinen verstoorden de onderhoudsvoorzieningen en veroorzaakten ernstige vertragingen in het geplande vlootonderhoud.

De eerste spoorwegmaatschappij loste het probleem op door, tegen een kostenplaatje van enkele miljoenen dollars, een speciale overdekte werkplaats te bouwen waar gevandaliseerde treinen konden worden gerepareerd zonder het reguliere onderhoud te verstoren. De nieuwe werkplaats werd op tijd en binnen budget voltooid, en de spoorwegmaatschappij was zeer tevreden met het resultaat.

De andere spoorwegmaatschappij ging naar hun leverancier van voorruitlijm en vroeg: "Zouden jullie een sneldrogende lijm kunnen produceren?"

Ja, dat konden ze. Probleem opgelost.

DE VREUGDEN VAN RECHTSZAKEN

Wat is het verschil tussen aangeklaagd worden en het onderwerp zijn van een *public inquiry*?

Ze hebben veel gemeen, allemaal niet goed.

Je besteedt uren en dagen tijd die je niet hebt aan het doorzoeken van je geheugen en de dossiers om uit te zoeken wat er is gebeurd.

Je realiseert je dat mensen die destijds volledig steunend leken, nu een volledig andere herinnering aan de gebeurtenissen hebben.

En je wordt in het openbaar onderworpen aan een grondige en zenuwslopende kruisverhoor.

Hoe onaangenaam beide ervaringen ook zijn, aangeklaagd worden is waarschijnlijk beter. Er bestaat altijd de mogelijkheid om een acceptabele schikking te treffen, en als het toch voor de rechter komt, zou je kunnen winnen.

Maar een *public inquiry*? De overheid start er geen tenzij je al verloren hebt.

MEGAPROJECTEN VERANDEREN HET LANDSCHAP

Af en toe heb je een megaproject waarbij de nieuwe infrastructuur volledig onzichtbaar is. Een rioolleiding bijvoorbeeld, komt waarschijnlijk niet met een bezoekerscentrum.

Maar als je het over megaprojecten hebt, is onzichtbaarheid zeldzaam. De schaal van de bouw betekent dat, ten goede of ten kwade, de nieuwe infrastructuur een herkenningspunt wordt. Wat verplicht projectplanners om beslissingen over waar en hoe een architectonisch statement te maken.

In het Verenigd Koninkrijk heeft de spoorverbinding van St Pancras naar de Kanaaltunnel er twee: St Pancras Station en de brug over de Medway. Beide indrukwekkend.

In Sydney heeft de nieuwe Sydney Metro grote architectonische statements gemaakt bij elk van de stadsstations. Central is mijn favoriet, maar ze zijn allemaal behoorlijk indrukwekkend. De opening in 2024 gaf een grote impuls aan de stad.

Maar ik heb Sydney nog steeds niet vergeven voor de Epping-Chatswood Rail Link, die nu is opgegaan in de Metro. Het oorspronkelijke ontwerp omvatte een deel van de route tussen Chatswood en North Ryde op een viaduct door het Lane Cove National Park. Het had spectaculair kunnen zijn.

In plaats daarvan kregen we een belachelijk lange en dure tunnel die in een enorme bocht van de directe route moest worden gegraven om voldoende diepte te bereiken om onder de Lane Cove River door te gaan. Permanent langere reistijden, meer slijtage aan de treinen, en voortdurend onderhoud om de Lane Cove River buiten de tunnel te houden.

Een gemiste kans.

Gebrek aan controle

Soms begrijpen commissies het gewoon niet.

Het klassieke voorbeeld was de *Contract Award Committee* bij het InterCity West Coast Franchise-debacle in 2012, scherp geanalyseerd in het Laidlaw Inquiry.

De opdracht van de *Contract Award Committee* vermeldde dat haar rol was '*het bieden van zekerheid over het aanbestedingsproces*". (Het was een contract van £5,5 miljard, dus iemand hebben die zekerheid biedt was duidelijk een goed idee.)

De Commissie kwam vijf maanden na de lancering van de uitnodiging tot inschrijving helemaal niet bijeen, waardoor ze niet opmerkte dat er geen Senior Responsible Owner was voor het project, het soort omissie dat een controleproces zou moeten opmerken.

Toen het eindelijk bijeenkwam, besloot het eenzijdig dat haar rol was om de hoeveelheid achtergestelde leningfaciliteiten te bepalen die van de bieders zou worden verlangd. Ze bepaalde deze bedragen door:

a) enkele parameters in te voeren in een niet-gecontroleerd financieel model dat was ontworpen voor een compleet ander doel;

b) niet op te merken dat de modeluitkomsten in reële in plaats van nominale valuta waren; en vervolgens

c) te besluiten dat ze de uitkomsten niet leuk vonden en nieuwe getallen te verzinnen met behulp van een discretionaire bevoegdheid waarvan de bieders was verteld dat ze die niet hadden.

O, en de getallen die ze verzon, verhoogden de leningfaciliteitsvereiste voor één bieder van £0 naar £40 miljoen en verlaagden de vereiste voor de andere van £252 miljoen naar £190 miljoen. Niks aan de hand.

Tijdens de vergadering die de gunning van het contract aan de voorkeursbieder goedkeurde, onder voorbehoud van bevestiging door hogere instanties in de onvoldoende gedocumenteerde goedkeuringsketen, vervulde het moedig de controlefunctie in zijn opdracht met een uitwisseling tussen een commissielid en de projectleider.

Het commissielid 'vroeg om garanties dat de ICWC-aanbesteding het gepubliceerde aanbestedingsproces van het DfT had gevolgd en bestand zou zijn tegen eventuele uitdagingen".

De garanties werden verstrekt door de projectleider, een ongelukkig individu die was aangesteld om een contract van £5,5 miljard aan te besteden, ondanks dat hij slechts in salarisschaal 7 zat (iets wat een vriend van mij bereikte op de rijpe leeftijd van 24), en dus zeker geen senior staflid was.

Hij zei dat alles in orde was.

Om strikt accuraat te zijn, vermelden de notulen dat hij bevestigde dat '*het proces robuust bleef en dat eventuele opgeworpen kwesties meer gericht zouden zijn op beleid dan op proces*".

Kort daarna stelde de verliezende bieder een vordering tot rechterlijke toetsing in en moest het hele proces worden geannuleerd, tegen kosten van ongeveer £40 miljoen aan compensatie voor bieders.

Het Olympisch zwembad

Hoe konden civieltechnische projecten het doen vóór Olympische zwembaden?

De Olympische Spelen van Parijs in 1924 waren de eerste die het 50-meter zwembad met gemarkeerde banen introduceerden. Die zwembadgrootte is nu niet alleen de Olympische standaard voor zwemwedstrijden, het is ook een standaardmaat voor volume. Je ziet het overal:

- Het Sydney Metro West-project meldde in 2022, bij de aankondiging van een nieuw metrostation gepland bij Sydney Olympic Park, dat '*Voor de bouw van de stationsbox in totaal 468.000 ton rots en grond zal worden uitgegraven, equivalent aan 78 Olympische zwembaden".*

- In 2023 lazen we als kop van een artikel: *"NASA zegt dat een asteroïde ter grootte van een Olympisch zwembad over 23 jaar de aarde zou kunnen raken".*
- De *BullionByPost*-website zegt vandaag dat al het ooit gedolven goud *'net iets minder is dan genoeg om 3,5 Olympische zwembaden te vullen".*

Maar toen het Panamakanaal werd gebouwd, in de eerste jaren van de 20ᵉ eeuw, was het Olympisch zwembad nog geen maateenheid. Hoe moest een Engelse ingenieur in 1915 de 200.000.000 kubieke yards aarde beschrijven die moest worden verplaatst om het Panamakanaal te bouwen?

Een zekere Gordon Knox deed een poging: *"Het verwijderen van deze hoeveelheid materiaal van het Isle of Wight zou het gehele oppervlak van het eiland met 15 inches verlagen."*

Ik denk dat dat het officieel maakt. Als je geen Olympisch zwembad hebt, gebruik dan het Isle of Wight.

WIENS BEURT OM GOD TE ZIJN?

De overheid is god. Het staat in het contract. Hoewel de bewoording soms wat anders is.

In onze seculiere tijdperk kunnen juristen die de force majeure-clausule opstellen nu andere manieren vinden om te beschrijven wat altijd bekend stond als 'handelingen van God': die natuurrampen waarbij het als onredelijk wordt beschouwd om de normale risicoverdeling toe te passen.

Hoe ze ook worden beschreven, in een project in de publieke sector bepaalt het contract bijna altijd dat de gevolgen van die handelingen van God voor rekening van de overheid komen, alsof de overstroming of oorlog of orkaan of wat dan ook een instructie van de overheid was in plaats van goddelijke interventie.

Dus als God het doet, is het contractuele effect hetzelfde als wanneer de overheid het doet. Zelfs als de overheid geen god is, komt het op hetzelfde neer.

Het is een clausule die waarschijnlijk wat aanpassing nodig heeft voordat je hem gebruikt. Deze standaardclausules komen rechtstreeks uit het precedentenarchief van juristen, en het probleem is dat wat een daad van God zou zijn bij een kleine aanbesteding, wel eens de normale gang van zaken kan zijn voor een megaproject.

Ik heb het contract voor de Thames Barrier bijvoorbeeld niet gezien, maar je kunt er zeker van zijn dat het de aannemer niet vrijstelde van verantwoordelijkheid voor hoge getijden en twintig-jarige stormvloeden, omdat het hele doel van de Thames Barrier is om Londen tegen dergelijke gebeurtenissen te beschermen.

Elektrische stormen in Sydney zijn een regelmatig verschijnsel in de zomer: een aannemer die communicatietorens bouwt moet bescherming tegen bliksieminslag inbouwen, en mag niet gevrijwaard worden wanneer er een inslag plaatsvindt.

Bij een megaproject is het soms de beurt aan de aannemer om god te zijn.

Jouw beslissing

Elke directeur van een megaproject zal zich van tijd tot tijd afvragen, weliswaar op een toon van extreme ergernis: 'Dus wiens idee was *dat?*"

In theorie zouden alle belangrijke beslissingen rond een megaproject op het juiste niveau moeten worden genomen en vastgelegd in een besluitenregister, of op zijn minst in de notulen van de relevante commissie.

Ja, ja.

Iemand die het zou moeten weten, verzekerde mij dat de Sydney CBD Metro-puinhoop in 2008, toen de staat ongeveer een half miljard dollar uitgaf aan het niet bouwen van een metro, gebeurde omdat het idee werd genoemd in een memo aan de premier. In plaats van om meer informatie te vragen, kondigde de premier het eenzijdig aan tijdens een persconferentie, tot de totale verbijstering van de aanwezige ambtenaren. Blijkbaar durfde niemand hem tegen te spreken, dus het project werd naar behoren gelanceerd en ging door totdat het werd verpletterd onder het gewicht van zijn eigen domheid.

Beslissingen in de publieke sector kunnen zonder spoor verschijnen. Misschien denkt iemand dat de minister wat dan ook wil. Misschien ontstaat er een idee uit een discussie tussen onwetenden en verspreidt het zich via osmose. Wie weet?

Het probleem voor jou als projectdirecteur is dat als het idee in het project is terechtgekomen, en je geen registratie hebt van de beslissing door de stuurgroep of iemand anders met de juiste bevoegdheid, dan is die beslissing van jou. Jij bent verantwoordelijk. Niemand heeft je verteld wat je moet doen. (Of niet op een manier die je kunt bewijzen!)

Als je niet kunt aantonen van wie het idee was, raad eens wat. Het was van jou.

TE VEEL GATEN, TE WEINIG KAAS

Als ik nogmaals kijk naar het rapport over het spoorwegongeluk bij Clapham Junction, besef ik dat dit een klassiek geval was van Zwitserse kaas-verdediging: lagen van bescherming, elk met gaten erin. De gaten kwamen op één lijn te liggen op 12 december 1988 en 35 mensen stierven.

Het ongeluk gebeurde omdat een sein dat op rood had moeten staan in plaats daarvan groen toonde. Een trein reed door het sein. Hij botste op de achterkant van een stilstaande trein en ontspoorde in het pad van een derde trein die uit de andere richting naderde op het aangrenzende spoor.

Het sein was de dag ervoor opnieuw bedraad. Zonder in te gaan op de elektrische details, vereiste de herbedrading dat één draad door twee nieuwe werd vervangen . De oude draad werd opzij geduwd. Hij had het oude contactpunt niet meer moeten kunnen bereiken, maar bewoog terug naar zijn oorspronkelijke positie en maakte contact, waardoor het sein groen bleef.

Er waren vier afzonderlijke verdedigingen tegen het opnieuw maken van contact:

1. De draad vastbinden, zodat hij niet kon bewegen vanuit de weggestopte positie.
2. De draad kort knippen, zodat hij het contactpunt niet meer kon bereiken, zelfs als hij bewoog.
3. De punt van de draad omwikkelen met nieuwe isolatietape, zodat zelfs als de draad bewoog en fysiek contact maakte, er geen elektrische verbinding zou ontstaan.
4. Het andere uiteinde van de draad losmaken van de zekering, zodat er geen elektrisch contact kon worden gemaakt, ook als de eerste drie verdedigingen faalden.

Goed genoeg, zou je denken. Elk van deze verdedigingen zou op zichzelf voldoende zijn geweest. En ter ondersteuning van de laatste had er een onafhankelijke "draadtelling" moeten plaatsvinden om te bevestigen dat het andere uiteinde van de draad was losgemaakt.

De seinwerker werd beschouwd als efficiënt en bekwaam, en deed dit soort werk al zestien jaar. Niemand had hem ooit verteld dat een oude draad moest worden vastgebonden, dus had hij dat nooit gedaan. Die kaaslaag had een heel groot gat.

Niemand had hem ooit verteld dat de oude draad kort

geknipt had moeten worden, dus deed hij dat ook nooit. Nog een gat in de kaas.

Normaal gesproken gebruikte hij wel isolatietape – oud in plaats van nieuw, maar dat had het werk waarschijnlijk wel gedaan. Alleen die dag deed hij dat niet (misschien omdat hij tijdens het werk werd onderbroken, misschien omdat hij gedurende langere tijd zeven dagen per week had gewerkt) en creëerde daarmee nog een gat in de kaas.

Hij slaagde er ook niet in om het andere uiteinde van de oude draad los te maken van de zekering. Dit gat in de kaas had moeten worden gedicht door een onafhankelijke controle, maar die vond ook niet plaats. Zijn directe leidinggevende had letterlijk de memo niet ontvangen en wist niet dat een onafhankelijke controle voor dergelijke werkzaamheden sinds mei van het voorgaande jaar vereist was. De testingenieur, op een tijdelijke plaatsing, was theoretisch verantwoordelijk voor het zorgen dat de onafhankelijke controle werd uitgevoerd, maar was zich ook niet bewust van deze vereiste.

Wanneer de verhouding tussen gaten en kaas catastrofaal hoog is, is een catastrofe wat je krijgt.

Voordelen van thuiswerken

Tijdens de pandemie deed ik een evaluatie van een regionaal project in New South Wales – mijn eerste poging om zo'n evaluatie via internet te doen in plaats van ter plaatse.

Verrassend genoeg zei de projectdirecteur dat Covid zijn werk in veel opzichten gemakkelijker had gemaakt, omdat het hem betere toegang gaf tot leidinggevenden op het hoofdkantoor.

Het op de voorgrond houden van zijn problemen bij de directie was voorheen een echt probleem. Projectmanagers in Sydney konden gewoon het kantoor van de baas binnenlopen en aandacht krijgen. Voor hem, op enkele honderden kilometers afstand, was dat niet zo eenvoudig. Hij moest naar Sydney vliegen, en waarschijnlijk overnachten, alleen om een uur face-to-face met zijn baas te krijgen.

Toen gebeurde Covid. De enige manier waarop iemand met de baas kon vergaderen, was tijdens een geplande videogesprek.

Eindelijk stonden projectmanagers op het platteland op gelijke voet met degenen in Sydney. Een enorme verbetering.

Is dat nog steeds zo nu iedereen weer op kantoor is? Ik vraag het me af.

DEEL 11

HET GEHEIM VAN PROFESSIONELE INTEGRITEIT

*D*e sleutel tot professionele integriteit is om minder uit te geven dan je verdient en het verschil te investeren.

??????

Ja.

Oké, "minder uitgeven dan je verdient en het verschil investeren" wordt normaal gesproken beschouwd als de sleutel tot rijkdom, niet professionele integriteit.

Maar professionele integriteit gaat niet alleen over het hanteren van hoge professionele standaarden, het gaat erom dat je bereid bent jezelf op het spel te zetten om deze te handhaven. Het is echt moeilijk om een dubieuze klant te weigeren als het honorarium je hypotheek van deze maand betaalt.

Het is geen toeval dat criminelen die ambtenaren willen corrumperen zich richten op diegenen die verdrinken in schulden of met ernstige gokverslavingen kampen. Hun professionele integriteit is gecompromitteerd. Ze zijn kwetsbaar.

Integriteit vereist financiële veerkracht.

Dus als je professionele integriteit wilt hebben, geef minder uit dan je verdient en investeer het verschil.

Bovendien word je rijk.

Win-win.

Het binaire besluitvormingsinstrument

In juli 2013 begon de regering van New South Wales met de verkoop van Macquarie Generation, een staatselektriciteitsbedrijf, met als aangekondigde doelstelling 'om geld vrij te maken voor kritiek nodige infrastructuur in heel New South Wales". (Vertaling: "geld ophalen.")

Om de verkoop door te laten gaan, maakte de regering in een intern besluit het verplicht dat de verkoopopbrengst de behoudwaarde van het activum zou overschrijden. Dat bedrag werd niet openbaar gemaakt, dus toen het activum werd aanbesteed, was het onzeker of een van de biedingen de behoudwaarde zou overtreffen.

Het ding met een munt opgooien, het ultieme binaire besluitvormingsinstrument, is niet dat kop of munt je het juiste antwoord geeft, maar de reactie die je ervaart wanneer je het doet. Je dacht misschien dat het je niet uitmaakte, maar wanneer de munt draait, weet je plotseling welke kant je hoopt dat hij op zal vallen.

Voor de regering van New South Wales viel het munt. Van de drie ontvangen biedingen overtrof er slechts één de behoudwaarde, en die vereiste goedkeuring van de *Australian Competition and Consumer Commission*. De goedkeuring werd geweigerd.

Hoe voelden ze zich toen de munt viel? Zouden ze uiteindelijk toch een lager bod hebben willen accepteren? Had dat criterium echt verplicht moeten zijn?

Wat ze ook voelden, ze hadden geluk. De hoogste bieder ging in beroep bij het *Australian Competition Tribunal*, dat de deal goedkeurde. De verkoop werd uiteindelijk voltooid in september 2014.

Ik heb sowieso een hekel aan verplichte criteria, omdat megaprojecten zo gecompliceerd zijn dat het zelden voorkomt dat één factor een showstopper is als al het andere klopt.

Maar als je overweegt er één te hebben? Voordat je het in de aanbestedingsaanvraag schrijft, gooi een munt op. Kijk hoe je je echt voelt.

DE PERFECTE KPI

Soms heb je geen goede prestaties nodig, maar perfecte prestaties.

We werden daar allemaal mee geconfronteerd in november 2023, toen Optus instortte. Optus-klanten konden geen telefoongesprek voeren, hadden geen toegang tot internet, konden geen betalingen doen of ontvangen, sommigen konden niet eens de nooddiensten bellen. Voor sommige Optus-klanten was dit giftige pakket zo rampzalig dat ze overstapten naar andere providers in plaats van het risico te lopen dat dit ooit weer zou gebeuren.

Iets dat leidt tot beëindiging van een contract is een nutteloze KPI. Een goede KPI laat je weten wanneer de prestaties afnemen, zodat je er iets aan kunt doen voordat de prestaties een onaanvaardbaar niveau bereiken. Maar als alleen perfectie aanvaardbaar is, wat kun je dan doen?

Het beste wat ik ben tegengekomen, is het vinden van 'voorlopers van incidenten' en die in plaats daarvan te meten. Als je bijvoorbeeld 24/7 server back-up hebt, kan een voorloper een serveruitval zijn die ertoe leidt dat de back-up wordt geactiveerd. De gebeurtenis is onzichtbaar voor de gebruiker, dus er is geen daadwerkelijke serviceonderbreking, maar als er een tweede storing zou optreden, zou er nu geen back-up zijn, dus het risico op een totale uitval is zojuist gestegen.

Het kan pervers of gewoon vreemd lijken om iets voor KPI-doeleinden te behandelen als een servicefout wanneer er geen storing is in de service voor gebruikers. Maar als je perfectie nodig hebt, heb je niet veel keus.

SCHENDING VAN VERTROUWEN

Als je enige vorm van leiderschap hebt, zal op een dag iemand van een lagere rang zijn hoofd om je kantoordeur steken en vragen of je iets vertrouwelijk wilt houden als ze je erover vertellen.

Zeg nooit ja.

Het is natuurlijk verleidelijk, want je bent toch niet het soort persoon dat vertrouwen schaadt, dus waarom niet akkoord gaan?

Nou, waarom denk je dat deze persoon je in vertrouwen iets wil vertellen? Er is een grote kans dat ze een probleem hebben gesignaleerd waarmee ze niet om kunnen gaan en ze willen het op je dumpen.

Dat op zich is oké. Hoezeer we ook wensen dat onze onderge-schikten problemen zelf kunnen oplossen, soms hebben ze hulp nodig en als hun baas is het onze taak om ervoor te zorgen dat ze die krijgen.

Maar als het gewoon een alledaags werkprobleem was, zouden ze je niet vragen om het vertrouwelijk te houden. Dus je weet al dat er een beerput jouw kant op komt. Of het probleem nu is dat iemand net een kankerdiagnose heeft gekregen of dat iemand anders het bedrijf oplicht of wat het ook is, zodra je ervan weet, betekent je verantwoordelijkheid tegenover de orga-nisatie dat je actie moet ondernemen.

Moet.

Het probleem? Actie ondernemen en vertrouwelijkheid bewaren zijn soms wederzijds uitsluitend.

Dus het juiste antwoord is iets in de trant van: 'Ik zal het vertrouwelijk houden als ik kan, maar ik heb ook verantwoordelijkheden tegenover anderen en dat is misschien niet mogelijk. Wil je het me nog steeds vertellen?' (Als de organisatie verlicht genoeg is om een goed klokkenluidersbeleid te hebben, kun je ze daar ook naar verwijzen.)

De ondergeschikte zal bijna altijd toch besluiten het je te vertellen. Ze komen naar jou toe omdat ze je vertrouwen. Open zijn over het niet beloven van vertrouwelijkheid zal hen waarschijnlijk nog meer vertrouwen in je geven.

Maar beloof niet om de zaak vertrouwelijk te houden, want dat is een belofte die je misschien niet kunt nakomen.

BUSINESS AS USUAL

Wat was de link tussen de instorting van de Francis Scott Key Bridge in Baltimore in 2024 en de ramp met de spaceshuttle Columbia in 2003?

Het onderzoek naar de instorting loopt nog, dus dit is pure speculatie. Maar ik suggereer dat de link te vinden is in een levensbedreigende situatie die tot 'business as usual' was verworden.

In het geval van de Columbia-spaceshuttle brak de isolatieschuim die de shuttle bedekte af tijdens de lancering in 2003, waardoor de integriteit van de isolatielaag werd aangetast: de shuttle verbrandde bij terugkeer in de atmosfeer, waarbij de zeven astronauten aan boord omkwamen.

Stukken schuim waren ook al bij eerdere vluchten afgebroken zonder ernstige gevolgen, maar deze keer raakte wat puin de shuttle zelf, waardoor nog meer schuim werd afgerukt, en de shuttle had niet genoeg isolatie over om de afdaling te overleven.

Zoals Ozan Varol beschrijft in zijn boek, *Think Like a Rocket Scientist*, wist NASA heel goed dat er stukken schuim loskwamen tijdens de vlucht. Maar omdat er al 112 vluchten waren geweest waarbij niets ernstigs was gebeurd als gevolg hiervan, zagen ze geen noodzaak om er iets aan te doen. Dus vallen er wat stukjes schuim af. Nou en? Business as usual.

Voordat de Baltimore-brug werd geraakt door het 300 meter lange containerschip *Dali*, had het geen veilige gebruiksgeschiedenis van 112 vluchten, maar een van 47 *jaar*. Schepen die nog groter waren dan de Dali passeerden de brug al meer dan tien jaar. Nou en? Business as usual.

Er komt een punt waarop 'business as usual' neerkomt op dansen met de dood.

Responstijden

Het is gebruikelijk dat een megaprojectcontract vereist dat de opdrachtgever binnen tien werkdagen reageert op een ontwerp-voorstel.

Dat is geen reden om een proces op te zetten waarbij de reactie naar de aannemer op dag tien uitgaat. Als je dag tien als doel stelt, betekent dit dat als je ooit het doel mist (en iedereen mist weleens doelen), je in contractbreuk zult zijn.

Tel bovendien het aantal ontwerpvoorstellen. Kun je een week besparen op elk voorstel? Zelfs als je dat maar vijftig procent van de tijd voor elkaar krijgt, zijn dat veel weken. Alles wat de druk op het schema verlicht, is een grote plus.

Ja, je zou die tijd als een geschenk aan de aannemer kunnen beschouwen en nee, je bent niet in de business van het geven van geschenken. Maar het gaat erom wat het beste is voor het project. Bovendien, als je tien dagen neemt om te doen wat je in vijf dagen zou kunnen doen, verspil je je eigen tijd.

Als je samenwerkend gedrag van de aannemer verwacht, bied dan samenwerkend gedrag terug.

Er is weinig wat een aannemer meer waardeert dan snelle reacties van de opdrachtgever.

Wie nam de beslissing?

Al te vaak weet niemand het. Waarschijnlijk is het gewoon ergens uit een oersoep ontstaan.

Je ziet het keer op keer in publieke *inquiries*. De kritieke beslissing die alles in de verkeerde richting stuurde is een wees.

Oké, mensen zullen waarschijnlijk niet in de rij staan om verantwoordelijkheid te nemen voor een beslissing die achteraf gezien onherstelbaar dom was, maar in deze tijd van e-mailarchieven is het ontbreken van bewijs op zichzelf al opvallend.

De misplaatste beslissing om een hoofdaannemersmodel te gebruiken voor het Queensland Health Payroll System – geen bewijs. De bizarre beslissing in de InterCity West Coast franchising om garantievereisten te berekenen met behulp van een financieel model dat duidelijk niet geschikt was voor het doel – geen bewijs. Slechte beslissingen rond hotelquarantaine in Victoria tijdens de pandemie – geen bewijs.

Dit is helaas typisch. Het komt voort uit een defensieve cultuur: ieders achterwerk wordt beschermd omdat niemand kan identificeren welk achterwerk geschopt moet worden. Helaas is deze methode van bescherming van het achterwerk niet verenigbaar met succesvolle projectoplevering.

Als je besluitvormers niet kunt identificeren, kun je niet identificeren wie verantwoordelijk is voor het doen van dingen. Als je niet kunt identificeren wie verantwoordelijk is voor het doen van dingen, worden dingen niet gedaan. En als dingen niet gedaan worden, mislukken projecten.

Een ingenieus financieel model

Een leverancier gaf me ooit een indrukwekkende reeks spreadsheets die zogenaamd aantoonden dat hij honderden miljoenen dollars aan onderhoudsactiviteiten 25 procent goedkoper kon uitvoeren dan wat het agentschap momenteel bereikte. Ze wisten dat we overwogen om het werk aan te besteden en hoopten in plaats daarvan ons te overtuigen om een onderhandelde uitbestedingsdeal na te streven.

De prachtig gepresenteerde spreadsheets bestonden in wezen uit regels met onderhoudsuitgaven, elk met een schatting van het huidige bedrag dat aan dat item werd besteed, en een schatting van hoeveel goedkoper de aannemer het kon leveren.

Ik was benieuwd waar zij dachten dat besparingen konden worden gerealiseerd. Bij nadere beschouwing van de spreadsheets werd ik er niet wijzer van. Er was absoluut geen moeite gedaan om te overwegen waar onderhoudsbesparingen echt haalbaar zouden kunnen zijn.

In plaats daarvan gaven ze een schatting van de uitgaven voor de huidige activiteit, en pasten vervolgens overal een vermenigvuldigingsfactor van 75 procent toe. Niet zozeer ingenieus als wel naïef. Of misschien eerder onoprecht.

We besloten om deze kans aan ons voorbij te laten gaan.

Niet juridisch bindend

Een overeenkomst hoeft niet juridisch bindend te zijn om effectief te zijn.

De laatste fase van het Sydney Gateway-project, dat Sydney Airport met het snelwegennetwerk verbindt, werd in 2024 geopend: succesvol opgeleverd volgens schema, ondanks dat het werd gebouwd tijdens extreem nat weer, de pandemische lockdowns, verstoring van de toeleveringsketen en hyperinflatie van materialen.

Een belangrijke factor voor het succes was de beslissing om een Dispute Avoidance Board te gebruiken, een team van drie onafhankelijke personen die elk kwartaal met de partijen bijeenkwamen gedurende het project met het uitdrukkelijke doel om hen aan te moedigen problemen vroeg op te lossen en aan te pakken voordat ze onhandelbaar werden.

Geschillencommissies in Australië hebben al een uitstekende reputatie opgebouwd in het helpen van partijen om contractuele problemen op te lossen zonder toevlucht te nemen tot de verschrikkingen van geschillen in bouwrechtzaken of -arbitrage.

Wat bijzonder was aan dit project was dat de partijen, naast de contractuele verplichting om met de geschillencommissie te werken, zich ertoe verbonden om alle kwesties binnen drie maanden op te lossen. Niet juridisch bindend. Niet afdwingbaar. Maar toch een verbintenis.

En wat die verbintenis betekende was dat een kwestie die op de lijst stond tijdens een driemaandelijkse bijeenkomst van de geschillencommissie behandeld moest zijn en van de lijst moest zijn verdwenen tegen de tijd van de volgende bijeenkomst. Als dat niet zo was, wisten de partijen dat ze de schaamte moesten doorstaan van het niet nakomen van hun verbintenis, om nog maar te zwijgen van de ondervraging door de leden van de geschillencommissie. Het betekende ook dat de commissieleden wisten dat er een probleem was en konden helpen manieren te vinden om het op te lossen.

Niet juridisch bindend. Niet afdwingbaar. Maar zeer, zeer effectief.

DE EXPLOITANT RAADPLEGEN

Infrastructuurexploitanten klagen altijd dat de mensen die het aanbestedingsproces voor infrastructuur leiden hen niet goed raadplegen.

Ze hebben vaak gelijk. Dit is nog een aspect van het aanbestedingsproces dat een hoofdrol speelde in het Schotse veerdebacle (twee veerboten, zeven jaar te laat en nog steeds wachtende, ver boven budget).

De aanbesteding voor de veerboten werd voor de Schotse overheid uitgevoerd door Caledonian Marine Assets Ltd (CMAL). CalMac Ferries, de exploitant, kreeg slechts drie weken de tijd om aan te geven wat ze nodig hadden. Later klaagden ze dat de specificatie die met het verzoek om offertes was meegegaan slechts ongeveer 20% van hun eisen bevatte.

Toen de oorspronkelijke lijst van zes bieders was teruggebracht tot drie, vroeg CMAL royaal aan CalMac om de resterende ontwerpen te beoordelen. De scheepsarchitect van CalMac vond dat het ontwerp van een Poolse scheepswerf het beste aan hun eisen voldeed, met Ferguson Marine, de enige Schotse bieder, op de tweede plaats.

Deze rangschikking zou de Schotse bieder hebben uitgesloten, wat ongetwijfeld verklaart waarom CMAL's eigen beoordelaars vervolgens de beoordeling van CalMac terzijde schoven en de Poolse werf als 'slecht' en Ferguson Marine als 'goed' beoordeelden.

Schotland triomfeerde! Jammer van de totale puinhoop die ze van de veerbootlevering hebben gemaakt.

Het heeft weinig zin om de exploitant te raadplegen als je vervolgens negeert wat ze zeggen.

Een kwestie van verduidelijking

Offertes voor grote projecten zijn complex, waarbij verschillende experts verschillende delen van de offerte voorbereiden.

Hoewel het volledig de verantwoordelijkheid van de bieder is om ervoor te zorgen dat de offerte intern consistent is, zijn enkele haperingen hier en daar bij een megaproject waarschijnlijk onvermijdelijk. En als de god van de willekeurige getallen op de verkeerde knop drukt, kan een hapering nucleair gaan.

Jaren geleden was ik verantwoordelijk voor een grote infrastructuuraanbesteding. Eén bieder nam een absoluut schandalige bepaling op in de contractwijziging, waardoor ze op onze kosten software konden ontwikkelen (of we dat nu wilden of niet) en deze aan andere mensen konden verkopen zonder ons iets te betalen.

Raad eens? Die bieder won niet.

Er waren natuurlijk andere factoren, en de evaluatie zou elke uitdaging hebben doorstaan. Maar ik denk dat als ik vandaag met dezelfde situatie geconfronteerd zou worden, zou ik het misschien anders hebben aangepakt.

Vandaag denk ik dat ik een Verzoek om Verduidelijking zou sturen. Dat zou als een beetje vergezocht kunnen worden beschouwd, aangezien de juridische bepaling die de bieder had toegevoegd volkomen duidelijk was, dus er was niets om te verduidelijken. Het proces van Verzoek om Verduidelijking is er niet om bieders in staat te stellen hun offertes na de deadline te verbeteren.

Desalniettemin paste de bepaling nogal vreemd bij de rest van de offerte, en terugkijkend kan ik me niet aan de indruk onttrekken dat het juridische team van de bieder misschien op eigen houtje was gegaan, wat de offertemanager simpelweg niet had opgemerkt.

Maar ik zal het nooit weten, omdat ik het niet heb gevraagd.

ZELFINCRIMINATIE PER E-MAIL

Het bestaan van e-mail is van onschatbare waarde gebleken voor mensen die zichzelf in de voet willen schieten.

Je ziet het in zoveel openbare *inquiries* naar projectmislukkingen. Al die achteloze e-mails die uit de archieven zijn opgegraven.

De Edinburgh Tram Inquiry vond er een van een aannemer aan de klant waarin hij opmerkte dat hij 'de spreadsheet had geknoeid' zoals gevraagd. "Ik betwijfel of ze zullen merken wat ik heb gedaan', voegde hij eraan toe, waarmee hij onbedoeld bevestigde dat de financier opzettelijk werd misleid over de kosten.

En dan was er de *Inquiry* naar het mislukte salarissysteem van Queensland Health, dat een e-mail vond van een lid van een van de biedteams waarin hij zijn ijverige maar onsuccesvolle pogingen vastlegde om toegang te krijgen tot vertrouwelijk materiaal dat per ongeluk op een openbare schijf was geplaatst.

"Lijkt erop dat we net iets te laat waren," schreef hij, zich niet bewust van de mogelijkheid dat zijn acties bekritiseerd zouden kunnen worden.

Het heeft weinig zin om je betrokkenheid te ontkennen als je degene bent die het zelf vastlegt.

TIJD VOOR HERHALING

Heb je ooit te maken gehad met partijen die agressieve standpunten innemen in een contractonderhandeling over dingen die de andere partij in de eerste plaats nooit heeft gezegd?

Ik ook. De meest effectieve zin die ik ooit in een onderhandeling heb gebruikt, is: 'Laat me dat even voor je herhalen.' Ik gebruik het de hele tijd.

Nou, eigenlijk raak ik een beetje verveeld met die ene zin, dus ik varieer graag een beetje: 'Laat me controleren of ik dat goed heb gehoord.' "Dus wat u zegt is..." "Mag ik even controleren of ik u heb begrepen?" "Dus uw standpunt is. "Ik denk dat ik weet waar u vandaan komt, maar laat me even controleren."

Ik heb gemerkt dat deze eenvoudige tactiek verbazingwekkende voordelen heeft:

- Als je weet dat je de woorden van de ander voor hen gaat samenvatten, ben je eerder geneigd aandachtig te luisteren naar wat ze zeggen. Dit genereert goodwill die je vroeg of laat zeker nodig zult hebben.
- Als je aandachtig luistert, begrijp je waarschijnlijk beter wat ze hebben gezegd, wat cruciaal is voor het bereiken van de echte 'meeting of minds' die een goed contract vertegenwoordigt.
- Als je het niet hebt begrepen, zul je het onmiddellijk ontdekken, waardoor je vruchteloze en bittere

discussies vermijdt die ontstaan door slecht te reageren op iets dat de andere partij nooit heeft bedoeld.

- Als je het wel hebt begrepen, maar een ander standpunt moet onderhandelen, zal de andere partij weten dat je het met hen oneens bent omdat jouw positie echt anders is, en niet omdat ze aannemen dat je niet begreep wat ze zeiden. Dit bespaart tijd en maakt het veel waarschijnlijker dat ze naar je luisteren.

Ik heb zo ongeveer elke onderhandelingtactiek uit het boek meegemaakt, gelukkig niet degene met dreigementen van lichamelijk letsel, maar deze is voor mij verreweg de nuttigste.

SHOWSTOPPERS

In 1998 bracht het Britse Rekenkamer een rapport uit over de beursgang van £1,7 miljard van Railtrack in 1996, onderdeel van de zeer complexe en politiek geladen privatisering van British Rail. De situatie was beladen met verborgen agenda's, maar de Rekenkamer stelde vast dat *"het beleid van de regering was om de verkoop van Railtrack binnen de levensduur van het toenmalige parlement te realiseren"* en dat het *"hoofddoel voor de beursgang van Railtrack... was om de beursgang zo snel als redelijkerwijs mogelijk te realiseren."*

Dit komt me nog steeds vreemd voor. Normaal gesproken doe je iets zo groots om iets te bereiken. Toch was het basisdoel (of tenminste het enige dat de regering in het openbaar toegaf) om het gewoon te doen. *Just fucking do it*, zoals de voorzitter vaak zei.

Maar ik denk niet dat het Rekenkamer het doel verkeerd had begrepen. Mijn taak was destijds het schrijven van het prospectus, en mijn indruk was dat het hoe dan ook zou worden uitgegeven. De enige mogelijke showstopper was de val van de regering voordat de beursgang kon worden voltooid. Ik controleerde elke ochtend het nieuws om te zien of er 's nachts nog meer Conservatieve parlementsleden waren overleden. Actuarieel gezien zou de verouderende regering vallen voordat de beursgang kon worden voltooid, maar Conservatieve parlementsleden zijn een volhardende groep.

Niets mocht in de weg staan. Prestatieregelingen die niet volledig getest waren in omstandigheden van verstoring? Laat de treinmaatschappijen jaarlijks £75 miljoen aan toegangskostentoeslagen betalen ter compensatie. Wankele balans? Schrap £869 miljoen aan schulden. Niet zeker of werknemers en het grote publiek aandelen zullen kopen? Voeg £47 miljoen aan stimulansen toe. Institutionele beleggers zien geen groeimogelijkheden? Neem het Thameslink 2000-project op, waardoor de opbrengsten van de beursgang met ongeveer £125 miljoen verminderen. Directeuren nog steeds zenuwachtig om het prospectus te ondertekenen? Beloof de voorzitter een ridderschap.

Gemeten aan zijn eenvoudige doelstelling was de privatisering een daverend succes. De regering hield net lang genoeg stand om Railtrack weg te krijgen, dus de enige geïdentificeerde showstopper stopte de show niet.

Aan de andere kant was de daaropvolgende geschiedenis van het bedrijf niet bepaald roemrijk: treinongelukken met meerdere doden, kostenoverschrijdingen van miljarden ponden en een volledige ineenstorting van de relatie met de regering, waardoor Railtrack in 2001 onder curatele werd gesteld.

Misschien was het identificeren van nog wat meer showstoppers geen slecht idee geweest.

Verantwoordelijkheid

Er zijn twee soorten verantwoordelijkheid. De ene waarbij iemand zichzelf verantwoordelijk maakt voor de oplevering van een project en de andere waarbij iemand achteraf verantwoordelijk wordt gehouden voor het niet opleveren.

Idealiter zouden de twee soorten samengaan – als je de verantwoordelijkheid voor de oplevering hebt aanvaard, dan zou je inderdaad degene moeten zijn die de schuld krijgt als de oplevering niet plaatsvindt.

Het probleem is dat als niemand in eerste instantie de verantwoordelijkheid voor de oplevering heeft aanvaard, dan:

a. is de kans dat het project mislukt dramatisch gestegen; en

b. zal de schuld waarschijnlijk oneerlijk worden verspreid wanneer het misgaat

Verlies-Verlies.

WAT NIET GEMETEN WORDT ...

In februari 1995 gaf State Rail, de publieke eigenaar en exploitant van het spoorwegnetwerk van Sydney, contracten uit voor de bouw van een nieuwe ondergrondse spoorlijn van Central, langs het vliegveld naar de East Hills-lijn bij een nieuw station genaamd Wolli Creek. Het contract dat de meeste zorgen baarde was de Stations Overeenkomst. Hierin werden de voorwaarden vastgelegd waarop de private sector vier stations zou ontwerpen, bouwen, financieren, leasen, exploiteren en onderhouden, waaronder de stations bij de binnenlandse en internationale terminals.

De lijn werd geopend in mei 2000. De stationsaannemer kwam binnen een maand in de problemen en was voor eind november al in surseance van betaling. De snelheid van de ineenstorting is een maat voor hoe ernstig mensen de zaken verkeerd hadden ingeschat. (Een belangrijke factor waren de vraagprognoses, altijd een probleem bij transportprojecten. Zelfs vijf jaar later lag het aantal reizigers ongeveer 30% onder het voorspelde niveau.)

Maar de regering moest een schikking treffen met de aannemer, omdat State Rail in gebreke bleef bij zijn verplichting onder de Stations Overeenkomst om ten minste een vastgesteld aantal treinen per uur door de stations te laten rijden. De verplichting was niet haalbaar met de toen beschikbare infrastructuur.

Niet slim. Hoe kwamen ze ertoe om een onhaalbare verplichting aan te gaan?

Destijds hadden ze simpelweg geen geavanceerdere systemen dan iemand met een klembord op een station om het aantal passerende treinen te controleren, en ze deden zelfs dat normaal gesproken niet. Nu worden treinvertragingen natuurlijk tot op de minuut gemeten en worden annuleringen elektronisch bijgehouden, maar in de jaren '90 maakten mensen zich niet zo druk om op tijd rijden. Er was een dienstregeling, die het juiste aantal treinen aangaf, maar niemand had zicht op hoeveel van die treinen daadwerkelijk zouden rijden.

Zoals bleek, niet genoeg.

De belofte werd dus gedaan zonder ondersteunende capaciteit achter de belofte. Met beter management had State Rail waarschijnlijk veel dichter bij het juiste aantal treinen kunnen komen, maar fundamenteel ging het verplichtingen aan die gewoon niet haalbaar waren.

Slechte zet.

DEEL 12

Kostenoverschrijding?

*I*s het een kostenoverschrijding bij een PPS als de opdrachtgever er niet voor betaalt?

Het hele idee achter een PPS is om risico's over te dragen aan de private sector. Overheden doen dit niet altijd even goed. Toen Metronet failliet ging bij de uitvoering van de Londense metro-PPS, kwam het risico direct terug bij de publieke sector.

Maar soms werkt de risico-overdracht zoals bedoeld.

Owen Hayford, van infralegal.com.au, geeft in een artikel uit 2021 over het verbeteren van PPS'en verschillende Australische voorbeelden van kostenoverschrijdingen. In elk geval was het de ontwerp- en bouwaannemer (de design and construct of D&C contractor") die het risico - en de klap - moest dragen.

- Southern Cross Railway Station: Leighton Holdings maakte verwachte verliezen bekend van $122,6 miljoen als gevolg van kostenoverschrijdingen binnen het D&C-contract

- Waratah Train: Downer EDI kondigde een totaal verlies aan van $440 miljoen op het D&C-contract
- Victorian Desalination Plant: in maart 2012 maakte Leighton Holdings bekend dat het een verlies van $602 miljoen verwachtte op het D&C-contract, nadat het oorspronkelijk een winst van bijna 300 miljoen had voorspeld

De overheidsopdrachtgever zou in elk geval wel enige extra kosten hebben gehad door de vertragingen die met de kostenoverschrijdingen gepaard gingen, maar waarschijnlijk binnen de geplande marge.

Dus waar komen deze projecten terecht in de statistieken? Als succesvolle projecten zonder kostenoverschrijdingen, wat het gevoel was van de opdrachtgever?

Of als enorme kostenoverschrijdingen, wat het gevoel was van de D&C-aannemer?

SNEL IN ACTIE KOMEN

Vroeg in mijn carrière, toen ik het werken als jurist had opgegeven maar nog steeds probeerde uit te zoeken wat mijn nieuwe carrière eigenlijk was, had ik net geholpen bij het opzetten van een groot infrastructuurcontract.

Een van de directeuren riep me bij zich en vroeg of ik account executive wilde worden.

Eh.

Ik had geen idee wat een 'account executive' deed. Het is mogelijk dat mijn reactie zowel aarzelend als onsamenhangend was.

De directeur besloot prompt de baan aan iemand anders aan te bieden, tot mijn grote opluchting toen ik erachter kwam dat de account executive verantwoordelijk zou zijn voor het beheren van het contract dat we net hadden opgezet. Ik had absoluut niet de vaardigheden om een tier 1-aannemer te managen.

Terugkijkend lijkt het me het toppunt van incompetentie dat het bedrijf geen contractmanager klaar had staan op het moment dat het contract werd getekend. Idealiter had de contractmanager al tijdens de aanbestedingsfase aanwezig moeten zijn, om vertrouwd te raken met het contract en de belanghebbenden.

Die eerste weken zijn cruciaal voor het opbouwen van de relatie tussen de partijen, het vestigen van gedragspatronen die de hele uitvoeringsperiode zullen kleuren. De afwezigheid van een contractmanager geeft een duidelijk signaal aan de aannemer dat de opdrachtgever er geen flauw benul van heeft.

En ja, dat project werd te laat en met budgetoverschrijding opgeleverd. Wat een verrassing.

DE BEVESTIGENDE ONTKENNING

'Nee' zeggen is een kernvaardigheid voor projectmanagers.

Helaas wil de Minister geen negatief geluid horen wanneer de eis komt om het onmogelijke te bereiken (en bij een megaproject is het een kwestie van wanneer, niet van als, we hebben het hier over de echte wereld).

Een eenvoudig 'ja' zal de minister op dat moment tevreden stellen, maar omdat de eis onmogelijk is, zal er onvermijdelijk een ramp volgen.

Om te overleven moet je je 'nee' vermommen als een 'ja'. Je stemt niet in met de onmogelijke eis (dat is het 'nee'-deel), maar je stemt wel in met het leveren van iets anders (dat is het 'ja'-deel). Als je het zorgvuldig genoeg formuleert, zal de minister het verschil niet opmerken of ervan overtuigd raken dat de verandering zijn eigen idee was.

Mijn beste bevestigende ontkenning ooit kwam bij het Waratah-treinproject, waar een ongeduldig premier bij de aankondiging van de aanbesteding een belachelijk korte termijn stelde om een *request for expressions of interest* uit te schrijven voor wat uiteindelijk een project van $3,6 miljard bleek te zijn. Het was technisch mogelijk, maar het verzoek zou waardeloos zijn geweest, aangezien we nog niet eens wisten wat het project precies inhield. Ja, we wisten dat we een hoop treinen zouden kopen, maar daar horen meestal eisen bij voor opstelterreinen en onderhoud en upgrade van de treinstroomvoorziening en allerlei andere zaken, en dat hadden we nog niet uitgewerkt. EOI's worden gebruikt om een shortlist van bieders te maken en je wilt echt niet beginnen met een shortlist voordat je hebt uitgewerkt wat er geleverd moet worden.

Een eenvoudig 'ja' was niet goed. Maar een eenvoudig 'nee' was ook niet goed. Op dat moment was het politiek belangrijk om te laten zien dat er vooruitgang werd geboekt met het project.

Dus vermomden we het 'nee' als een 'ja'. We vroegen om registraties van belangstelling. *'Registrations'* in plaats van *'expressions'*. We zouden later een echte EOI moeten uitbrengen, dus moesten we deze oefening anders noemen, maar het moest ook vergelijkbaar genoeg zijn om te lijken alsof we aan de wensen van de premier voldeden.

De overheid had al besloten een eis voor lokale inhoud op te leggen, dus nodigden we iedereen uit in het land die geïnteresseerd was in iets dat te maken had met het leveren van treinen, zoals het fabriceren van treinstoelen of airconditioningsunits, om die belangstelling te registreren. In ruil daarvoor zouden de gegevens van elk lokaal bedrijf dat zich registreerde aan de inschrijvers worden verstrekt als potentiële partner om aan de eis voor lokale inhoud te voldoen. Ze kregen ook een uitnodiging voor een presentatie met thee en koekjes en uitzicht op de haven.

Als de premier het verschil opmerkte tussen dit en een standaard EOI-proces, maakte hij zich er niet druk om. Meer dan honderd mensen kwamen opdagen voor de presentatie, inclusief alle lokale media.

Lokale bedrijven kregen een netwerkmogelijkheid. De premier had zijn fotomoment. Het projectteam had extra-tijd-om-zich-voor-te-bereiden-op-de-echte-EOI.

Iedereen blij.

TIJD BESPAREN

De hoeveelheid tijd die je verliest door iets stoms te doen, over-stijgt de tijd die je dacht te gaan besparen door het te doen.

In 1991 begon de Australische Civil Aviation Authority met een aanbestedingsproces voor de aanschaf van een nieuw lucht-verkeersleidingssysteem. Ze wilden het echt snel afgerond hebben en stelden een tijdschema op waarbij de contractonderte-kening binnen 12 maanden zou plaatsvinden.

Een aanbestedingsconsultant werd ingeschakeld om commentaar te geven op het proces voordat de Civil Aviation Authority naar de markt ging. Het was geen verrassing dat hij adviseerde dat het tijdschema van twaalf maanden '*extreem krap, zo niet onmogelijk*' was".

Het advies werd niet alleen genegeerd, het proces werd vervolgens herzien om het tijdschema nog verder in te korten. Niet de slimste beslissing.

In de haast om een contract toe te kennen, maakte de Autori-teit de ene fout na de andere. De eerste aanwijzing van een voor-keursbieder werd terzijde geschoven na een bezwaar en het laatste deel van het proces moest opnieuw worden gedaan met de twee overgebleven bieders.

De Autoriteit had duidelijk zijn les niet geleerd, want later bleek dat ze de nieuwe offertes niet had beoordeeld volgens de methodologie die was beschreven in de aanbestedingsaanvraag én dat ze een te laat ingediende wijziging van een van de bieders had geaccepteerd – elementaire procesfouten die gemakkelijk hadden kunnen worden vermeden.

Een contract werd pas bijna twee jaar na de oorspronkelijke

streefdatum ondertekend, en drie jaar later was de Autoriteit nog steeds bezig zijn acties zonder succes te verdedigen voor de federale rechtbank.

Een goede strategie laten varen

Wat is er toch met lightrail en het verleggen van nutsleidingen? We weten allemaal dat het moeilijk is. Hoe ouder de stad, hoe meer ongeregistreerde putten en leidingwerk. Maar daar wordt toch rekening mee gehouden?

Blijkbaar niet. Het onfortuinlijke Edinburghse tramproject had een uitstekende strategie voor nutsleidingen. Alle nutsleidingen zouden worden omgelegd voordat het trambaancontract zou worden verleend, zodat de aannemer vrij baan zou hebben, zonder de gebruikelijke vertragingen door het omleggen van nutsleidingen. Echt indrukwekkend.

Toen men eenmaal begon met de verlegging, bleek dat de gegevens van het nutsbedrijf onnauwkeurig waren (wat een verrassing!), en dat er een hoop overtollige apparatuur en andere obstakels onder de grond lagen (nog meer verrassing!!), waardoor de verleggingswerkzaamheden vertraging opliepen (nog veel meer verrassing!!!).

Op dit punt, waarschijnlijk geschrokken door de onverwachte komst van het volledig voorzienbare, gooiden ze hun uitstekende strategie voor het verleggen van nutsleidingen uit het raam.

Ze gingen toch door met het gunnen van het bouwcontract, zonder adequate voorzieningen te treffen voor de gelijktijdige bouw- en verleggingswerkzaamheden. O, en het ontwerp had ook afgerond moeten zijn voordat het contract werd gegund, maar dat gebeurde ook niet.

Het resultaat? De tramlijn werd drie jaar te laat opgeleverd en lag ongeveer 40% boven het budget, ondanks dat de lijn een paar kilometer korter was dan oorspronkelijk gepland.

Geen gelukkig einde.

Bedrijfsreorganisaties

Bedrijfsreorganisaties zijn vaak de boosdoener. In 2011 herstructureerde het Britse Ministerie van Transport zichzelf in een groot probleem met treinconcessies.

Het proces van het verlenen van concessies aan treinexploitanten viel voorheen onder één directeur-generaal. De nieuwe organisatie was een matrixstructuur waarbij de Binnenlandse Groep het concessiebeleid deed, de Grote Projecten en Londen Groep de gunning van de concessiecontracten deed, en de Corporate Groep de expertise had op het gebied van herconcessiefinanciering.

De bedoeling in de nieuwe structuur was dat de Binnenlandse Groep de Senior Verantwoordelijke Eigenaar zou leveren voor het herconcessieprogramma als geheel. Naarmate elke concessie naar de aanbestedingsfase ging, zou de verantwoordelijkheid voor die concessie worden overgedragen aan de Grote Projecten en Londen Groep.

Dus toen de InterCity West Coast concessie in januari 2012 in de aanbestedingsfase kwam, werd de verantwoordelijkheid ervoor over de nieuwe silo-muur naar de Grote Projecten Groep gegooid. Niemand ving het op.

En niemand merkte het op. Het Contracttoekenningscomité, dat verondersteld werd zekerheid te bieden over het aanbestedingsproces, kwam tussen 16 januari en 19 juni helemaal niet bijeen, wat nogal beperkend was voor enige zekerheid.

Het ontbreken van een Senior Verantwoordelijke Eigenaar (SRO) werd opgemerkt tijdens een Gateway-review, en in april kreeg het project een Senior Verantwoordelijke Eigenaar uit de Grote Projecten Groep toegewezen. Zelfs toen was de rol op het niveau van het herconcessieprogramma in plaats van op projectniveau. Er was geen gedefinieerde relatie tussen de Senior Verantwoordelijke Eigenaar en het Contracttoekenningscomité en geen duidelijke rapportagelijn voor de projectteamleider.

Het aanbestedingsproces was een mislukking. De toewijzing aan de voorkeursbieder werd aangevochten door de verliezende bieder en het hele proces moest worden geannuleerd.

De beslissing die het hele aanbestedingsproces vernietigde was om een ongeschikt financieel model te gebruiken voor het berekenen van de bedragen van achtergestelde leningfaciliteiten en het gebruik ervan op een manier die in strijd was met de richtlijnen die aan de bieders waren gegeven.

Je kunt dat waarschijnlijk niet volledig toeschrijven aan de bedrijfsreorganisatie. Maar ik denk niet dat het toeval is dat de fatale beslissing naar voren kwam in de periode vóór april 2012, de onderbreking waarin er geen Senior Verantwoordelijke Eigenaar was en geen duidelijke rapportagelijn.

Dingen worden rommelig als niemand de leiding heeft.

Duidelijke doelstellingen

Als de doelstellingen niet goed zijn vastgelegd, zou je wel eens het verkeerde kunnen bouwen.

In het najaar van 2004, na een snikhete zomer, werd de regering van New South Wales belegerd door forensen die het zat waren om zwetend heen en weer naar hun werk te reizen in treinen zonder airconditioning.

Er waren nog drie zomers te gaan tot de volgende verkiezingen, en het probleem zou duidelijk blijven voortduren. Ze besloten om het oude passagiersmaterieel zonder airconditioning te vervangen door nieuwe treinen die bekend zouden worden als Waratahs.

Naarmate het aanbestedingsproces vorderde, begonnen inkomstentekorten ernstige druk uit te oefenen op de staatsbegroting.

Een functionaris van Financiën, die erop gebrand was de boekhouding in balans te houden, wees er terecht op dat als de nieuwe treinen ook niet voorzien zouden worden van airconditioning, de vervanging aanzienlijk goedkoper zou zijn. Er stond tenslotte niets in de projectdoelstellingen dat airconditioning noodzakelijk maakte.

Hij verliet de ruimte wel levend, maar het scheelde niet veel.

Een vereiste dat de nieuwe treinen airconditioning moesten hebben werd onmiddellijk toegevoegd aan de formele doelstellingen.

WAAR IS HET MEER GEBLEVEN?

Het maakt niet uit hoeveel voorbereidend werk je steekt in het geotechnisch onderzoek als je vervolgens op de verkeerde plek gaat graven.

Lake Peigneur is een 60 meter diep schilderachtig meer in Louisiana. Het was ooit slechts 3 meter diep.

In 1980 huurde Texaco, op zoek naar olie, een boorplatform in het meer. Een 14-inch boorkop ging 360 meter naar beneden zonder problemen. En bleef doorgaan. Op ongeveer 370 meter doorboorde deze een mijntunnel in de zoutkoepel onder het meer. Dat was niet de bedoeling.

Het water uit het meer stroomde de mijn in, loste de zoutpilaren op die de mijnplafonds ondersteunden en deed de mijn instorten. Het Delcambre-kanaal, dat normaal gesproken de uitstroom van het meer vormde, keerde tijdelijk zijn stroomrichting om en creëerde een vijftig meter hoge waterval naar de nieuwe meerbedding. De draaikolk van water die de mijn in stroomde, zoog het boorplatform, elf binnenlandse schepen, een sleepboot en 65 hectare land mee naar beneden.

Wonderbaarlijk genoeg wisten de werkers op het platform de oever te bereiken en werden de 55 mijnwerkers veilig geëvacueerd. Drie honden stierven: de enige dodelijke slachtoffers.

Er werd zoveel verwoesting veroorzaakt dat de Mine Safety and Health Administration de schuld voor de ramp niet kon toewijzen: ze konden niet vaststellen of Texaco op de verkeerde plaats aan het boren was of dat de kaarten van de mijn onnauwkeurig waren.

Dat voorkwam de onvermijdelijke rechtszaken niet. De mijneigenaar ontving $32 miljoen in een buitengerechtelijke schikking en de grondeigenaar nog eens $12,8 miljoen.

Niet de meest succesvolle poging ter wereld om naar olie te boren.

HOE GROOT ZIJN DE KANSEN?

Kun je een advocaat geloven over de kans op succes bij een rechtszaak?

Ik ben altijd bijzonder op mijn hoede als men mij vertelt dat de kans op succes 70% is. Het is een mooi rond getal, dat voldoende positief is om de cliënt aan te moedigen door te gaan met kostbare procesvoering, maar de impliciete 30% kans op verlies is groot genoeg dat de advocaat er niet al te dom uitziet als je daadwerkelijk verliest. Ik ben er niet van overtuigd dat dit cijfer enige relatie heeft met de werkelijke kans op succes.

Toen de Britse Nuclear Decommissioning Authority in 2014 werd aangeklaagd door de verliezende bieder over de toekenning van het Magnox-contract van £6,2 miljard, vroeg het om advies van een raadsman over de kansen om de zaak met succes te verdedigen. De raadsman was aanvankelijk 'voorzichtig optimistisch', maar naarmate de voorbereiding op de hoorzitting vorderde, veranderde hij van gedachten.

'Ik blijf van mening dat de zaak beide kanten op kan gaan... Als mij echter gevraagd zou worden of ik dacht dat we eerder zouden winnen of verliezen, zou ik zeggen verliezen, zij het slechts met een kleine marge.'

Ik ben misschien wantrouwend over advocaten die je kansen om een rechtszaak te winnen opblazen, maar wanneer zelfs je eigen raadsman denkt dat je waarschijnlijk gaat verliezen, is het zeker tijd om een schikkingsvoorstel te doen.

De NDA weigerde, blijkbaar denkend dat een schikkingsvoorstel anderen zou aanmoedigen om te procederen, dus, in hun eigen woorden, '*[O]ok als de aansprakelijkheidszaak zou worden verloren, zou dit misschien de betere uitkomst zijn.*' Een aanpak die zelfs hun eigen Hoofd Inkoop omschreef als '*belachelijk oncommercieel*".

De zaak werd uitgevochten en verloren.

Ze hadden naar de advocaat moeten luisteren.

WAT JE ZEKER WEET

"*Het is niet wat je niet weet dat je in de problemen brengt. Het is wat je zeker weet dat gewoon niet klopt.*" Mark Twain wist waar hij het over had.

Een van de belangrijkste factoren in de ondergang van Railtrack (voorganger van Network Rail) was dat het eind jaren '90 een contract met vaste prijs aanging om Virgin Trains extra diensten te laten rijden op de West Coast Main Line.

Er was al een upgrade van £2 miljard van de lijn gaande, gefinancierd door de overheid via gereguleerde toegangstarieven. Maar het bieden van de trajecten voor de extra Virgin Trains-diensten zou aanvullende infrastructuur vereisen.

Er werd een vaste prijs onderhandeld voor de aanvullende werkzaamheden, waarbij Railtrack hard werkte om ervoor te zorgen dat de kostenramingen betrouwbaar waren.

De schattingen voor de originele upgrade kregen niet dezelfde aandacht. Dat leek niet nodig, omdat werkzaamheden onder het gereguleerde regime in wezen risicovrij waren. Dat wist Railtrack zeker.

Om de markten de privatisering van Railtrack in 1996 te laten accepteren, in het aangezicht van felle oppositie van wat in 1997 Tony Blairs regering zou worden, had Railtrack een voorkeursbehandeling gekregen voor infrastructuurwerken. Zolang het de werkzaamheden efficiënt uitvoerde (moeilijk te weerleggen), was er geen verhaal als de kosten stegen. Geen zorgen als de schattingen er een beetje naast zaten, de overheid zou moeten bijbetalen als ze de werkzaamheden uitgevoerd wilde hebben.

Het was bij niemand opgekomen dat de kosten zo ver zouden kunnen stijgen dat de overheid niet meer bereid zou zijn om de werkzaamheden te blijven financieren. Het drong tot iedereen door toen de prognose van £2 miljard naar £4 miljard ging. En bleef stijgen.

Railtrack had gelijk gehad dat er geen directe gevolgen zouden zijn als de kosten zouden stijgen. Als de overheid niet bereid was om het werk te financieren, hoefde Railtrack het niet te doen. Maar ze hadden ongelijk door aan te nemen dat de overheid het geld zou blijven bijleggen.

De gevolgen van die misrekening waren rampzalig. Zonder de upgrade zouden de aanvullende werkzaamheden niet voldoende zijn om de aan Virgin Trains beloofde treinpaden te leveren. Railtrack kon de upgrade zelf niet financieren, maar kon evenmin de verschrikkelijke breukkosten voor het Virgin-contract bekostigen.

Een deal die was bejubeld als bewijs van beweringen dat privatisering nieuwe groei op het spoor zou mogelijk maken, opende in plaats daarvan een zwart gat in de Railtrack-rekeningen. Het bedrijf werd uiteindelijk in 2001 gedwongen tot curatele.

De overheid financierde uiteindelijk Network Rail om de upgrade te voltooien, tegen geschatte kosten van ongeveer £8 miljard. Te laat voor Railtrack.

Waanzinnige planning

Het probleem met een krankzinnig optimistische opleverings-datum is niet dat deze niet haalbaar is, maar dat mensen erop staan te doen alsof het *wel* haalbaar is.

Het gebeurt te vaak bij grote infrastructuurprojecten. Een Minister kondigt een glimmend nieuw project aan met een onmogelijke streefdatum voor contractondertekening. De projectdirecteur, wellicht door het ontbreken van een handige fietsenstalling om de Minister achter te nemen voor een informeel heropvoedingsproces, stelt ruggengraatloos een planning op die de contractondertekening op de gewenste datum toont.

De projectdirecteur weet heel goed dat de datum onhaalbaar is, maar denkt dat de minister ergens onderweg gedwongen zal worden in te zien dat het onmogelijk is en uitstel zal verlenen. De onmogelijke planning is slechts een tijdelijke maatregel.

Maar dit leidt tot een ramp. De enige manier om de tijdelijke planning aan te laten sluiten op een onmogelijke deadline is door de plannings- en consultatiefase in te korten en een aanbestedingsverzoek uit te sturen voordat je het werk gedaan hebt om het goed te krijgen.

En ja, de reactie van de inschrijvers op het aanbestedingsverzoek zal negatief genoeg zijn om de minister ervan te overtuigen dat de deadline moet worden uitgesteld. Maar dan begin je vanaf waar je nu bent. Je krijgt nooit de kans om de planning en consultatie uit te voeren die je had moeten doen.

Het uitstel komt niet met de erkenning dat je specificatie hopeloos onderontwikkeld was en nooit in zijn huidige vorm aanbesteed had moeten worden. Of dat er nog te veel onzekerheid bestaat rond belangrijke risico's om een verstandige risicoverdeling te kunnen bepalen. De planningsfase is officieel voorbij, en je hebt de planning niet gedaan.

De kans dat het project op tijd en binnen budget wordt opgeleverd? Nul.

DE SCHROEVENDRAAIERFOUT

De meeste schroevendraaiers zijn zwaar overgedimensioneerd voor het aandraaien van schroeven, maar goede ijzerwarenwinkels verkopen geen goedkope dunne exemplaren – klanten klagen omdat de schroevendraaiers breken wanneer ze gebruikt worden om deksels van verfblikken te wrikken. (Tja, dat is toch waar schroevendraaiers voor zijn?)

Hier ligt een les voor organisatieveranderingen – mensen doen misschien belangrijke dingen die niet duidelijk zijn uit hun functietitel of zelfs uit de officiële functieomschrijving.

Ik herinner me een administratief medewerker bij British Rail, in de afdeling die in de jaren '90 Railtrack werd. Een van zijn taken, die hem niet meer dan een halve dag per week bezighield, was het controleren van vrachtfacturen. Na de privatisering werden de andere viereneenhalve dagen van zijn activiteiten overbodig en hij ook.

Helaas werd na zijn vertrek de taak van het controleren van vrachtfacturen over het hoofd gezien en niet opnieuw toegewezen. Enkele jaren later ontdekte de organisatie dat ze vrachtvervoerders ongeveer £2 miljoen te weinig had gefactureerd, waarschijnlijk onverhaalbaar.

Het modulariteitsprincipe

In hun boek, *How Big Things Get Done*, identificeren Flyvbjerg en Gardner modulair ontwerp als het belangrijkste onderscheid tussen kernenergie- en zonne-energieprojecten. Een kerncentrale is een groot en ingewikkeld eenmalig project, maar een groot zonnepanelenpark ontstaat door kleine zonnemodules aan elkaar te koppelen: eenvoudiger om in eerste instantie te doen en je leert het steeds beter te doen naarmate het project vordert. Het is niet moeilijk te raden welk type project waarschijnlijker op tijd en binnen budget wordt opgeleverd.

Modulariteit geldt niet alleen voor ontwerp. Verrassend genoeg vertaalt het concept zich goed naar contractbeheer.

Grote projecten gaan niet alleen over techniek. Bij elk groot contract hoort een evenredig groot volume aan contractuele interacties. Facturering is een klassiek voorbeeld. Maandelijkse betalingen, mijlpaalbetalingen, betalingen voor wijzigingen. Bij een vijfjarig contract zullen er tientallen, misschien wel honderden facturen van de aannemer zijn.

Modulariteit is je vriend. In plaats van de financiële afdeling er gewoon mee te laten doormodderen, behandel je de eerste factuur als een pilot. Breng klant en aannemer samen en beoordeel het proces. Werd de factuur op tijd ingediend? Was het formaat behulpzaam? Rolden de gegevens automatisch uit het systeem of was handmatige verwerking nodig? Werd de juiste informatie gevraagd en ingediend? Waren er verrassingen? Hoelang duurde het goedkeuringsproces? Hoelang duurde het voordat het geld op de bankrekening van de aannemer stond? Kun je het facturerings- en betalingsproces beter/sneller/goedkoper maken? Verwerk de resultaten van de evaluatie in de tweede factuur en herhaal dit tot het proces zo soepel mogelijk verloopt.

Het is niet ongewoon dat partijen jaren na het sluiten van het contract nog steeds ruziën over de bewijsvoering die nodig is om facturen te ondersteunen, en niets vernietigt vertrouwen zo snel als geschillen over betalingen.

Een beetje inspanning vooraf om herhaalbare, soepele processen te creëren kan het contractbeheer transformeren.

Als je in een kuil zit ...

De bouw van luchthaven Berlin Brandenburg International staat bekend om de enorme deuk die het heeft geslagen in Duitslands reputatie voor efficiëntie. De bouw begon in 2006 met geplande voltooiing in 2011, vijf jaar later. Het duurde veertien jaar.

Er ging veel mis, maar de steeds veranderende contractstrategie was bijzonder opvallend. Het staatsbedrijf dat verantwoordelijk was voor de bouw van de luchthaven kon het maar niet goed krijgen.

Hun eerste poging tot een contract resulteerde in twee consortia die boden om de luchthaven te bouwen en 50 jaar te exploiteren. De gunning van het contract in 1998 werd nietig verklaard toen de verliezende bieder een rechtszaak aanspande: er werd vooringenomenheid vastgesteld in een deel van de evaluatie.

Bij de tweede poging sloegen de twee consortia de handen ineen om een gezamenlijk voorstel in te dienen. Dit werd in 2003 afgewezen door het bestuur van het agentschap. Het betaalde de consortia ongeveer €50 miljoen voor hun inspanningen en schrapte het privatiseringsplan volledig.

Bij de derde poging besloot het agentschap om één hoofdaannemer verantwoordelijk te maken voor het gedetailleerde ontwerp, de bouwplanning en de constructie. Ook deze poging mislukte, toen alle vier de inschrijvers voor het contract ongeveer €400 miljoen boven de schatting van het agentschap van €630 miljoen boden.

Bij de vierde poging werd het project opgesplitst in zeven afzonderlijke contracten die werden aanbesteed. En zie daar, de biedingen die binnenkwamen telden op tot ongeveer €1,1 miljard, vrijwel gelijk aan de prijs die voor het enkele contract was afgewezen. Misschien had op dit punt iemand hen moeten introduceren in het concept dat je, wanneer je in een kuil zit, moet stoppen met graven. Niemand deed dat.

Bij de vijfde poging werd het project in nog meer contracten opgesplitst, waarbij men overging van vaste prijzen naar eenheidstarieven in een poging geld te besparen door de aannemer onvoorziene kosten te verminderen. In plaats van slechts één aannemer te overzien die ook verantwoordelijk zou zijn voor het gedetailleerde ontwerp, nam het agentschap nu de ontwerpverantwoordelijkheid op zich en moest het de raakvlakken met ongeveer 35 aannemers beheren. Helaas had het agentschap simpelweg niet de competentie om een project op deze basis te managen. Het hielp niet dat ze toestonden dat de bouw begon voordat het gedetailleerde ontwerp was voltooid.

De luchthaven werd uiteindelijk geopend in 2020 tegen een kostprijs van ergens boven de €6,5 miljard.

HET EVALUATIERAPPORT

Bij het opstellen van een evaluatierapport, doe alsof je de verliezende bieder bent. Nog beter, de advocaat van de verliezende bieder. Wat zouden zij denken als ze het lezen?

Waarom werd de andere bieder verkozen? Duidt deze leemte in de logische redenering op een evaluatiefout? Hoe is het mogelijk dat iemand met onze geweldige kwaliteitsscore het contract niet heeft gewonnen? Waarom wordt er geen melding gemaakt van de belangrijkste kenmerken van ons voorstel? Welk bewijs is er voor de bewering dat ons bod risicovoller is? Zijn de evaluatiecriteria precies zoals ze gepubliceerd waren?

Hoewel de bieders het evaluatierapport normaal gesproken niet zullen zien, zul je de verliezers moeten debriefen en uitleggen waarom ze verloren hebben. Als het rapport geen uitleg bevat die je comfortabel aan de verliezende bieder zou kunnen presenteren, is het rapport niet toereikend.

Biedingsteams zijn de verkoopafdeling van aannemingsbedrijven en als er één ding is waar de beste verkoopprofessionals goed in zijn, dan is het het lezen van lichaamstaal. Als jij niet overtuigd bent door de uitleg, zullen zij dat ook niet zijn. En als zij niet overtuigd zijn, zijn er goede kansen dat ze de beslissing zullen aanvechten.

In de InterCity West Coast franchise-zaak uit 2012 had het projectteam besloten om het model voor de berekening van de achtergestelde leenfaciliteit (een belangrijke factor in de evaluatie) niet vrij te geven aan bieders omdat ze bang waren dat het aangevochten kon worden. Dat was natuurlijk niet wat ze de bieders vertelden, maar de boodschap kwam toch over.

Het daaropvolgende Laidlaw Inquiry citeerde een notitie van

de verliezende bieder over een vergadering met de projectdirecteur:

Uiteindelijk, na VEEL meer debat en onderzoek, geloof ik dat ik tot de kern van de zaak kwam. Hoewel het minder duidelijk werd gepresenteerd, vertelde hij me in feite dat ze hun stresstestmodel NIET konden vrijgeven omdat het zeer basaal is en zou aangevochten zou kunnen worden.'

Je hoeft en moet geen '*debat of verregaande kwesties*' toestaan in een debriefingvergadering. De beslissing is genomen, er valt niet over te discussiëren.

Niettemin heeft de verliezende bieder het recht om de redenen voor de beslissing te kennen en het is zeer in jouw belang dat zij de redenen overtuigend vinden.

Lees het conceptevaluatierapport dus alsof je de advocaat van de verliezende bieder was, op zoek naar gronden om de beslissing aan te vechten. En geef ze geen enkele.

CONTRACTEN GESCHREVEN MET EEN BEITEL ZIJN KORTER

Wat werd aangetoond in 324 v.Chr., in de eerste private financieringsovereenkomst in de geregistreerde geschiedenis. Dank aan professor Eric Csapo en Anthony Alexander van de Universiteit van Sydney voor het onder mijn aandacht brengen hiervan.

De betrokken publieke sector organisatie was de Stad Piraeus in Griekenland. Piraeus was toen net als nu een belangrijk vervoersknooppunt, als havenstad van Athene, maar de deal was geen transport-PFI. Het betrof het oude theater.

Tegen 324 v.Chr. hadden sommige Griekse steden al de beroemde stenen theaters die vandaag de dag nog steeds zichtbaar zijn in Griekenland. Piraeus wilde of kon zich waarschijnlijk geen theater veroorloven, dus volgde het het oudere theatermodel waarbij de zitplaatsen en het podium voornamelijk van hout waren. Ze konden niet op hun plaats blijven omdat het hout zeer snel verslechterde in het Griekse klimaat, dus moesten ze worden weggehaald en opgeslagen tot het volgende religieuze festival of commerciële evenement. Dit was een last en een kostenpost voor Piraeus, dus de Stad besteedde de concessie aan.

De aanbesteding werd gewonnen door een consortium van vier burgers die een grote kapitaalsom betaalden voor het recht om de zitplaatsen te leveren en een deel van de toegangsgelden te ontvangen. Dat wil zeggen dat de private financiers het vraagrisico droegen. Ze waren verplicht om het theatergebied op een bepaald niveau te houden: als ze in gebreke bleven, had de Stad interventierechten. Er waren normen met betrekking tot de staat van de activa bij teruggave. De voorwaarden van het contract moesten gepubliceerd worden. Zeer typerend voor PFI.

Oké, de publicatie was op een stenen tablet op de agora in plaats van op het internet, maar hé, dat was wat ze hadden.

De Stad kende zelfs een kroon toe, het morele equivalent van een koninklijke onderscheiding, aan een zekere Theaios, blijkbaar omdat hij een betere deal uit het consortium had gehaald dan de publieke sector vergelijking.

Hoewel de geschiedenis de uitkomst niet heeft vastgelegd, heeft het consortium waarschijnlijk een fortuin verdiend. In de dagen voor televisie en gedrukte boeken had het theater een virtueel monopolie op entertainment: denk aan religieuze festivals, denk aan de toneelstukken van Aeschylus, Sophocles en Euripides. In principe was het alsof je exclusieve rechten had op Shakespeare, Taylor Swift en de Paus.

Voor zover we weten werden latere stenen theaters gefinancierd door de Staat, wat suggereert dat de Staat er genoeg van kreeg dat de private sector alle opbrengsten opstak.

Niets nieuws onder de zon.

WIL JE MEER?

Vind meer mini-case studies op LinkedIn
Of lees mijn boek
*Procuring Successful Mega-Projects: How to Establish Major
Government Contracts Without Ending up in Court*

DANKWOORD

*D*e meeste case studies in dit boek zijn oorspronkelijk geschreven als berichten op LinkedIn. Veel mensen hebben reacties en commentaren geplaatst, die enorm belangrijk zijn geweest voor het in stand houden van mijn enthousiasme, het corrigeren van mijn fouten, het aanleveren van ideeën en het verbeteren van mijn schrijfvaardigheid. Mijn dank aan jullie allen.

Speciale dank aan: mijn proeflezers, Sallie Mason, Helen Murray en Dominique Tubier, die talrijke verbeteringen hebben voorgesteld; mijn broer Stephen en zijn vrouw Pamela, die vriendelijk ervaring hebben gedeeld vanuit hun eigen uitgeverij, *ImprobableFictions.com*; en aan mijn echtgenoot Anthony, die veel geduld met me heeft.

EEN OPMERKING OVER BRONNEN

*D*e case studies zijn afgeleid van vele bronnen, waaronder mijn eigen ervaring, ervaringen gedeeld door anderen, mediaverslagen, *inquiry reports*, boeken, Wikipedia en andere internetbronnen. Ik heb vaak informele bronvermeldingen opgenomen in de posts, wetende dat een eenvoudige internetzoekopdracht je naar de bron zal leiden als je geïnteresseerd bent om verder te kijken.

Sommige projecten leveren meer lessen op dan andere. Er zijn meer dan 200 mini-case studies in dit boek. Ongeveer een kwart ervan komt uit slechts zes projecten.

De case studies met betrekking tot twee hiervan, de aanbesteding van de Waratah-trein en de privatisering van Railtrack, zijn direct ontleend aan mijn eigen ervaring. Voor de overige vier kun je wellicht genieten van een diepere duik in enkele van de originele bronnen. Hieronder worden suggesties voor verder lezen gegeven.

Ik heb ook een lijst opgenomen van de boeken waarnaar in de case studies wordt verwezen, plus een aantal extra boeken die zeker de moeite waard zijn om te lezen.

DE GROTE ZES

❦

Edinburgh Tramproject

*D*e *inquiry* naar het tramproject in Edinburgh duurde negen jaar voordat het rapport werd opgeleverd. Als dat lang klinkt, nou, er was veel om over te schrijven. Het idee was om een tramlijn aan te leggen van het vliegveld naar Newhaven. De contracten werden in 2008 getekend, en de lijn zou naar verwachting in 2011 worden geopend. Na een reeks fouten (of, als we de *inquiry report* volgen, 25 reeksen fouten) werd de lijn uiteindelijk in 2014 geopend, ver boven budget, met als eindpunt niet Newhaven maar York Place, ongeveer twee kilometer voor de beoogde bestemming.

Voor iedereen die waarde hecht aan het leren van eerdere projecten, bevat het *inquiry report* vele, vele lessen:

CASE STUDIES: Een CEO in conflict; Een goede strategie laten varen; Ga uit van een blikopener; Corporatieve belangenverstrengeling; Als je iets ziet, zeg dan iets; Uitgestelde lessen;

Knoeien met het spreadsheet; Zelfincriminatie per e-mail; SRO vermist in actie; De nucleaire optie; Wanneer is een vaste prijs geen vaste prijs?; Werken met de verkeerde uitgangspunten.

Veerbootdebacle (Schotland)

Dat is de titel van het Wikipedia-artikel over dit project. In maart 2025 was alleen de *Glen Sannox*, een van de twee veerboten die voor levering in 2018 waren besteld, in dienst. De *Glen Rosa* is nog steeds in ontwikkeling. Het contract werd, op basis van een evaluatieproces dat niet volgens best practices verliep, toegekend aan een lokale scheepswerf, die prompt failliet ging en door de Schotse regering werd genationaliseerd. Het verhaal van ellende is te volgen via de Schotse media. Er zijn ook verschillende formele rapporten over het project verschenen. De twee meest nuttige zijn:

CASE STUDIES: Het breken van de whiskyfles; De exploitant raadplegen; Voorkeur voor lokale industrie; Verplichte criteria; Mijlpaalselectie; Haastige spoed is zelden goed; Risico toegewezen aan een aannemer houdt op te bestaan; Moet je verplichte criteria eerst evalueren?; Wat is er toch met veerboten?

InterCity West Coast-concessie

In 2012 begon het Britse Ministerie van Transport met een aanbestedingsprocedure voor de InterCity West Coast-concessie, een van de grootste passagiersspoorconcessies in het land. Er werd een voorkeursbieder geselecteerd, maar de nummer twee, Virgin Trains, startte een procedure voor rechterlijke toetsing voordat het contract van £5,5 miljard kon worden getekend. Er werden verschillende tekortkomingen vastgesteld, waaronder fundamentele gebreken in de governance. De competitie werd geannuleerd, wat betekende dat Virgin Trains als zittende partij een verlenging van twee jaar van zijn concessie kreeg om de competitie opnieuw te kunnen uitvoeren.

De *inquiries* naar de mislukte aanbesteding waren grondig en bieden een ongewoon dichtbij en fascinerend inzicht in de werking van een overheidsaanbesteding:

CASE STUDIES: En jouw projectgovernancekader is...?; Tijd kopen; Bedrijfsreorganisaties; Hoeveel megaprojecten is te veel?; Interne deskundige vs. Externe deskundige. Gebrek aan controle; De helderheid van terugkijken; De verborgen kosten van fouten maken; Het evaluatierapport; Wel of niet escaleren; Inschrijvers slecht behandelen.

Queensland Health salarisdebacle

De invoering van een nieuw salarissysteem voor Queensland Health in maart 2010 werd door de daaropvolgende *Commission of Inquiry* beschreven als een "catastrofale mislukking". Duizenden medewerkers ontvingen het verkeerde bedrag, of helemaal niets. Het duurde maanden om een functionerend salarissysteem te ontwikkelen, waarbij meer dan 400 extra salarismedewerkers werden ingeschakeld om Queensland Health in staat te stellen zijn werknemers te betalen. De zaak kan worden gebruikt om veel verschillende lessen te trekken, aangezien er veel verschillende fouten werden gemaakt. Bijzonder opmerkelijk was de complexiteit van de projectvereisten: het salarissysteem moest ondersteuning bieden aan 85.000 medewerkers die in dienst waren onder twee verschillende wetten, vielen onder 12 cao's en beïnvloed werden door 6 verschillende arbeidsovereenkomsten, die samen meer dan 200 toelagen en tot 24.000 combinaties van betaling creëerden. De overheid slaagde er niet in om de projectvereisten te vereenvoudigen of om effectief beheer te implementeren voor de risico's die door een dergelijke complexiteit werden geïmporteerd.

Meer details zijn beschikbaar in de volgende rapporten:

CASE STUDIES: Referenties controleren; De verkeerde kant opgaan; Salarisproblemen; Zelfincriminatie per e-mail; Wat is er toch met vertrouwelijke informatie?

Railtrack privatisering

Railtrack werd opgericht als onderdeel van de controversiële privatisering van British Rail in het midden van de jaren '90. Het was eigenaar en beheerder van de spoorweginfrastructuur die voorheen eigendom was van British Rail en ook mijn werkgever van 1995 tot 2002. Het privatiseringsproces was onberispelijk: er werd nooit een rechtszaak aangespannen op basis van het prospectus, hoewel de latere abrupte ondergang in curatele plaatsvond binnen de geldende verjaringstermijn. (Ik was daar best trots op: mijn eerste baan bij Railtrack was het schrijven van het prospectus.) Succes had een prijs, gemeten in de compromissen die werden gesloten om de beursgang veilig te stellen. De daaropvolgende geschiedenis van Railtrack was kort en roemloos. De oplevering van Fase 1 van de Channel Tunnel Rail Link (CTRL) op tijd en binnen budget, misschien wel de enige echt indrukwekkende prestatie, werd uit de geschiedenis gewist toen zijn belangen in CTRL werden afgestoten als onderdeel van de schikking met de Britse regering na de curatele in 2002.

Case studies (inclusief CTRL-project): En de kernactiviteit van een spoorweg is ...?; Het beoordelen van het bewijs; Kostenramingen ver onder de uiteindelijke kosten. Waarom?; Dood door duizend sneetjes; Hoe je commercieel kunt zijn; Klaar om uit te voeren projecten; Showstoppers; De bedreiging van silobud-

getten; Het seksleven van dassen; Wat je zeker weet; De schroe-
vendraaierfout

Waratah-treinen PPS

Ik was vanaf april 2004 in dienst bij Rail Corporation New South
Wales als Projectdirecteur voor de oprichting van de $3,6 miljard
Publiek-Private Samenwerking die 78 passagierstreinen aan het
netwerk van Sydney leverde. Ik droeg de verantwoordelijkheid
voor de uitvoering over aan mijn opvolger nadat de contracten
eind 2006 waren ondertekend en werkte aan verschillende
andere projecten voor RailCorp tot ik in januari 2014 vertrok.
Alle meningen en observaties in dit boek zijn van mij en mogen
niet worden toegeschreven aan mijn werkgever.

Case studies: Een unieke PPS?; Duidelijke doelstellingen;
Klantbeslissing of biedersbeslissing?; Mediamassage; Open voor
zaken?; Het verschil opmerken; Tadgell's Bluebell; De bevestigende ontkenning; De wereld gaat verder.

SELECTE BIBLIOGRAFIE

*P*aul Carroll and Chunka Mui, *Billion Dollar Lessons: What You Can Learn from the Most Inexcusable Business Failures of the Last 25 Years*, Portfolio, 2008.

Henrico Dolfing, *Insights*, www.henricodolfing.com

Annie Duke, *Quit: The Power of Knowing When to Walk Away*, Ebury Digital, 2022.

Miles O. Frank, *How to Get your Point Across in 30 Seconds or Less*, Gallery Books, 1990.

Bent Flyvbjerg and Dan Gardner, *How Big Things Get Done: The Surprising Factors That Determine the Fate of Every Project, from Home Renovations to Space Exploration and Everything in Between*, Macmillan 2023.

Sir Francis Fox, *Sixty-Three Years of Engineering*, London, 1924.

David Gration et al., *White Elephant Stampede: Case Studies in Policy and Project Management Failures*, Connor Court Publishing Pty Ltd, 2022.

Louise Hart, *Procuring Successful Mega-Projects: How to Establish Major Government Contracts Without Ending up in Court*, Routledge, 2015.

Owen Hayford, *Insights*, www.infralegal.com.au

Andrew Hopkins, *Failure to Learn: The BP Texas City Refinery Disaster*, CCH Australia Reprint Edition, 2015.

Anthony King and Ivor Crewe, *The Blunders of our Governments*, Oneworld Publications, 2013.

Brian Klaas, *Fluke: Chance, Chaos and Why Everything We Do Matters*, Scribner Book Company, 2024.

Stephen Pile, *The Return of Heroic Failures*, Martin Secker & Warburg Ltd, 1988.

James Reason, *Managing the Risks of Organizational Accidents*, Ashgate Publishing Limited, 1997.

Nevil Shute, *Ruined City*, Cassell, 1938.

Jessica Pooi Sun Siva and Thayaparan Gajendran, *Power in Megaproject Decision-making: A Governmentality Approach (Spon Research)*, Routledge, 2024.

Ozan Varol, *Think Like a Rocket Scientist: Simple Strategies for Giant Leaps in Work and Life*, WH Allen 2021.

Christian Wolmar, *On the Wrong Line: How Ideology and Incompetence Wrecked Britain's Railways*, Kernsing Publishing, 2012 or Aurum Press 2005, revised and updated from the original, *Broken Rails*, Aurum Press 2001.

OVER DE AUTEUR

ouise Hart is meer dan 35 jaar betrokken bij megaprojecten in het Verenigd Koninkrijk en Australië, eerst als advocaat, daarna als transactiemanager, spoorwegambtenaar, megaprojectdirecteur, en nu als onafhankelijk adviseur gevestigd in Sydney.

Naast haar werkzaamheden voor klanten in grote projecten en aanbestedingen van infrastructuur is Louise lid van de Dispute Review Board Foundation en zit zij momenteel in geschillencommissies in de sectoren vervoer en maatschappelijk wonen.

Haar eerste boek, *Procuring Successful Megaprojects: How to Establish Major Government Contracts Without Ending up in Court*, is een naslagwerk geworden voor projectprofessionals.